NCS기반의 양식
브런치 마스터

Brunch Master

서문(序文)

**한권의 문학서적과 인문서적이 인생을 바꾸지만,
직업교육에 필요한 전문서적은 희망과 행복을 만듭니다.**

한 권의 문학 서적과 인문 서적은 인생을 바꾸지만, 양식조리 교육에 필요한 전문 서적은 희망과 행복을 만듭니다.

지구상의 모든 음식은 각 나라마다의 고유한 특징을 갖고 있습니다. 각 나라별로 역사의 흐름 속에서 환경, 사회, 경제, 문화적인 차이에 따라 서양조리도 다양합니다.

대한민국의 직업훈련정책에 발맞추어 실무중심 교육을 강화시키고자, 음식서비스 분야의 현장에서 필요로 하는 직무를 체계적으로 적용하여 양식 전문 인력을 양성하도록 노력하였습니다. 요즘, 브런치 카페의 발전과 더불어 파스타, 샌드위치, 샐러드, 수프 등의 트렌드 메뉴의 교육이 필요하게 되어 NCS 양식을 기반으로 한 「브런치 마스터」를 출판하게 되었습니다.

본 교재는 총 97품목으로 'Chapter 1. 양식 소스 조리', 'Chapter 2. 양식 수프 조리', 'Chapter 3. 양식 전채 조리', 'Chapter 4. 양식 샐러드 조리', 'Chapter 5. 양식 파스타 조리', 'Chapter 6. 양식 조식 조리', 'Chapter 7. 양식 샌드위치 조리', 'Chapter 8. 양식 사이드 디쉬 & 카나페 조리', 'Chapter 9. 양식 푸드 플레이팅'으로 구성하였습니다.

교사나 학습자가 교재를 고르는 것은 신중해질 수밖에 없습니다. 서점의 많은 책들 중에서 책 한 권을 고르는 것보다도, 교육 현장에서 가르치며 느낀 그대로의 맞춤형 교재가 필요합니다.

본 서는 양식조리 교육현장과 조리현장에 적용 가능하며, 서양조리의 기본에 충실하면서 보편화된 요리들을 중심으로 본연의 맛을 추구할 수 있도록 방향을 제시하려고 노력했습니다. 급변하는 외식산업과 NCS 국가정책의 발전에 부응하여, 우수한 양식 조리 전문가의 배출에 기여하고자 합니다.

이에, 도서출판 유인하 회장님, 촬영, 편집에 수고해 주신 씨엠씨 황익상 실장님, 항상 열정으로 공부하면서 가르치는 성남요리학원, 성남제과조리커피 직업전문학교, 성남제과제빵학원의 훈련교사 여러분들께 감사의 인사를 드립니다.

여러분들의 앞날에 희망과 행복이 함께 하시길 기원드립니다.

저자 드림

CONTENTS

**제1부
양식
기초 조리 실무**

12　1. 기본 썰기 및 모양내기
　　2. 재료의 계량
　　3. 향신료
　　4. 치즈
　　5. 기본 조리 방법 습득하기

**제2부
브런치 메뉴
97선**

32　**Chapter 1. 양식 소스 조리**
　　마요네즈 소스 | 메트로 도텔 버터 소스 |
　　바질 페스토 소스 | 베샤멜 소스 | 벨루테 소스 |
　　에스파뇰 소스 | 적포도주 비네그레트 소스 |
　　페스토 비네그레트 소스

38　**Chapter 2. 양식 수프 조리**
　　닭고기 쌀 수프 | 브로컬리 크림 수프 | 비스크 수프 |
　　옥수수 차우더 수프 | 옥수수 크림 수프 | 잉글랜드 차우더 수프 |
　　완두콩 퓌레 수프 | 시금치 크림 수프 | 단호박 크림 수프 |
　　토마토 크림 수프 | 토마토 파르팔레 수프 | 양송이 수프 |
　　자연버섯 크림 수프 | 버섯 감자 크림 수프 | 치즈 감자 수프

54　**Chapter 3. 양식 전채 조리**
　　대칭 & 비대칭 플레이팅법을 이용한 연어 콩피 |
　　연어 무스와 케이퍼 소스 | 프로슈토 꼰 멜로네 |
　　토마토 살사 부르스케타

62　**Chapter 4. 양식 샐러드 조리**
　　베이컨을 곁들인 시금치 샐러드와 비네그레트 |
　　오일 비네그렛 드레싱을 곁들인 포치드 에그 샐러드 |
　　구운 버섯 샐러드 | 리코타 치즈 그린 샐러드 | 케이준 치킨 샐러드 |
　　오리엔탈 그린 샐러드 | 매콤 쌀국수 샐러드 |
　　흑임자 드레싱 연근 샐러드

75　Chapter 5. 양식 파스타 조리
해산물 국물 스파게티 |
새우와 알프레도 크림소스 스파게티 |
스파게티 알리오 올리오 | 베이컨 갈릭 오일 파스타 |
화이트 봉골레 링귀네 | 베이컨 크림소스 파르팔레 |
까르보나라 스파게티 | 미트소스 링귀네 |
로제소스 푸질리 | 펜네 아라비아따 |
로제 쉬림프 파스타 | 명란 오일 파스타 |
시금치 파스타 | 투움바 파스타 | 라자냐 |
깔조네 | 리코타치즈 크림소스 감자 뇨끼 |
버섯 베이컨 리조또 | 양송이 리조또 | 피자

98　Chapter 6. 양식 조식 조리
프렌치 토스트 | 블랙퍼스트 콤보 |
시금치 수플레 | 키슈 로렌 | 에그 베네딕트 |
에그 시금치 베네딕트 | 포치드 에그 |
포치드 에그 모네이 | 에그 프라이 |
보일드 에그 | 치즈 오믈렛 | 스터프드 에그 |
크레페 모닝 | 아란치니

113　Chapter 7. 양식 샌드위치 조리
토마토 살사와 사워크림, 쿠아카몰을 곁들인
햄 또띠아 롤 | 또띠아 랩 | 퀘사디아 |
스테이크 샌드위치 | 치킨 샌드위치 |
훈제연어 샌드위치 | 크로크 무슈 샌드위치 |
허니 버터 브레드 | 리코타 치즈 토마토 브루스케타 |
클럽 샌드위치 | 에그 드랍 샌드위치 |
수제 햄버거 샌드위치 | 쉬림프 버거 |
감자 단호박 샐러드 샌드위치 |
데리야끼 샌드위치 | 불고기 바게트

129　Chapter 8. 양식 사이드 디쉬 & 카나페 조리
베이크드 포테이토 | 리오네즈 포테이토 |
매시 포테이토 | 크로켓 포테이토 |
토마토 소스를 곁들인 양송이 관자 |
토마토 콩피 | 그릴드 베지터블 | 수제 피클 |
쉬림프 컵 & 크랜베리 크림치즈 카나페 |
새우 두부 카나페 |
구운 애호박과 가지를 올린 부르스케타 &
모짜렐라로 속을 채운 파프리카 |
크림 치즈로 속을 채운 토마토 & 부르스케타

139　Chapter 9. 양식 푸드 플레이팅
1. 플레이팅용 소스 만들기
2. 소스를 이용한 기본 플레이팅
3. 가니쉬 조리하기
4. 튀일 조리하기
5. 조리도구를 이용한 플레이팅

143　참고문헌

양 식
브런치 메뉴 97선

Chapter 1. 양식 소스 조리

마요네즈 소스 34

메트로 도텔 버터 소스 34

바질 페스토 소스 35

베샤멜 소스 35

벨루테 소스 36

에스파뇰 소스 36

Chapter 2. 양식 수프 조리

적포도주 비네그레트 소스 37

페스토 비네그레트 소스 37

닭고기 쌀 수프 40

브로컬리 크림 수프 41

비스크 수프 42

옥수수 차우더 수프 43

옥수수 크림 수프 44

잉글랜드 차우더 수프 45

완두콩 퓌레 수프 46

시금치 크림 수프 46

단호박 크림 수프 47

토마토 크림 수프 48

 토마토 파르팔레 수프 **49**
 양송이 수프 **50**
 자연 버섯 크림 스프 **51**
 버섯 감자 크림 수프 **52**

Chapter 3. 양식 전채 조리

 치즈 감자 수프 **53**
 대칭 & 비대칭 플레이팅법을 이용한 연어 콩피 **58**
 연어 무스와 케이퍼 소스 **59**
 프로슈토 꼰 멜로네 **60**

Chapter 4. 양식 샐러드 조리

 토마토 살사 부르스케타 **61**
 베이컨을 곁들인 시금치 샐러드와 비네그레트 **67**
 오일 비네그렛 드레싱을 곁들인 포치드 에그 샐러드 **68**
 구운 버섯 샐러드 **69**

 리코타 치즈 그린 샐러드 **70**
 케이준 치킨 샐러드 **71**
 오리엔탈 그린 샐러드 **72**
 매콤 쌀국수 샐러드 **73**

Chapter 5. 양식 파스타 조리

 흑임자 드레싱 연근 샐러드 **74**
 해산물 국물 스파게티 **78**
 새우와 알프레도 크림소스 스파게티 **79**
 스파게티 알리오 올리오 **80**

 베이컨 갈릭 오일 파스타 81
 화이트 봉골레 링귀네 82
 베이컨 크림소스 파르팔레 83
 까르보나라 스파게티 84

 미트소스 링귀네 85
 로제소스 푸질리 86
 펜네 아라비아따 87
 로제 쉬림프 파스타 88

 명란 오일 파스타 89
 시금치 파스타 90
 투움바 파스타 91
 라자냐 92

 깔조네 93
 리코타치즈 크림소스 감자 뇨끼 94
 버섯 베이컨 리조또 95
 양송이 리조또 96

Chapter 6. 양식 조식 조리

 피자 97
 프렌치 토스트 100
 블랙퍼스트 콤보 101
 시금치 수플레 102

키슈 로렌 **103**

에그 베네딕트 **104**

에그 시금치 베네딕트 **105**

포치드 에그 **106**

포치드 에그 모네이 **107**

에그 프라이 **108**

보일드 에그 **108**

치즈 오믈렛 **109**

Chapter 7. 양식 샌드위치 조리

스터프드 에그 **110**

크레페 모닝 **111**

아란치니 **112**

토마토 살사와 사워크림, 구아카몰을 곁들인 햄 또띠아 롤 **114**

또띠아 랩 **115**

퀘사디아 **116**

스테이크 샌드위치 **117**

치킨 샌드위치 **118**

훈제연어 샌드위치 **119**

크로크 무슈 샌드위치 **120**

허니 버터 브레드 **120**

리코타치즈 토마토 브루스케타 **121**

클럽 샌드위치 122

에그 드랍 샌드위치 123

수제 햄버거 샌드위치 124

쉬림프 버거 125

Chapter 8. 양식 사이드 디쉬 & 카나페 조리

감자 단호박 샐러드 샌드위치 126

데리야끼 샌드위치 127

불고기 바게트 128

베이크 포테이토 131

리오네즈 포테이토 131

매시 포테이토 132

크로켓 포테이토 132

토마토소스를 곁들인 양송이 관자 133

토마토 콩피 133

그릴드 베지터블 134

수제 피클 134

쉬림프 컵 & 크랜베리 크림치즈 카나페 135

새우 두부 카나페 136

구운 애호박과 가지를 올린 부르스케타 & 모짜렐라로 속을 채운 파프리카 137

크림치즈로 속을 채운 토마토 & 부르스케타 138

제1부
양식 기초 조리 실무

1. 기본 썰기 및 모양내기

2. 재료의 계량

3. 향신료

4. 치즈

5. 기본 조리 방법 습득하기

1. 기본 썰기 및 모양내기

유럽에서는 모양내기와 썰기를 구분한다. 모양내기는 당근, 무, 감자 등을 토막내어 4등분으로 나누어 다시 겉모양 갖추기, 다듬기 등을 거쳐 완성된 모양을 만드는 것을 말한다. pommes fondantes, pommes chateau, pommes olivettes 등이 있다. 썰기는 ciselage라고 해서 원래 생선을 쉽게 익히기 위하여 칼집을 넣는다는 의미이다. 기본적으로 모양내기와 썰기는 chiffonade, julienne, hache 등이 있다.

1) 채소 썰기 용어(Vegetable Cutting Terminology)

용 어	방 법	사 진
Emince/Slice (에망세/슬라이스)	채소를 얇게 저미는 것이다.	
Batonnet or Large Julienne (바또네 또는 라지 줄리앙)	0.6×0.6×6cm 길이며 네모 막대형 채소 썰기이다.	
Allumette or Medium Julienne (알루메트 또는 미디엄 줄리앙)	0.3×0.3×6cm 길이며 성냥개비 크기의 채소 썰기이다.	
Fine Julienne (화인 줄리앙)	0.15×0.15×5cm 정도의 길이며 가늘게 썰기로, 주로 당근이나 무, 감자, 셀러리 등을 조리할 때 많이 쓰인다.	
Chiffonade (쉬포나드)	실처럼 가늘게 써는 것으로 바질잎이나 상추잎, 허브잎 등을 겹겹이 쌓은 다음 둥글게 말아서 가늘게 썬다.	
Cube or Large dice (큐브 또는 라지 다이스)	2×2×2cm 크기의 주사위형으로 기본 네모 썰기 중에서 가장 큰 모양으로 정육면체 모양의 썰기이다.	

용 어	방 법	사 진
Medium dice (미디엄 다이스)	1.2×1.2×1.2cm 크기의 주사위 형으로 정육면체 모양의 썰기이다.	
Macedoine (마세도앙)	1.2×1.2×1.2cm 크기로 주사위 형태로 과일샐러드 만들 때 사용한다.	
Paysanne (빼이잔느)	1.2×1.2×0.3cm 크기의 직육면체로 납작한 네모 형태이며 야채스프에 많이 들어간다.	
Small dice (스몰 다이스)	0.6×0.6×0.6cm 크기의 주사위 형으로 정육면체 모양의 썰기이다.	
Brunoise (브루노와즈)	0.3×0.3×0.3cm 크기의 주사위 형으로 작은 모양의 네모 썰기로 정육면체 썰기이다.	
Fine Brunoise (파인 브루노와즈)	0.15×0.15×0.15cm 크기의 주사위 형으로 가장 작은 형태의 네모 썰기로 정육면체 모양의 썰기이다.	
Hacher/Chopping (아세/찹핑)	채소를 곱게 다지는 것이다.	

용 어	방 법	사 진
Parisienne (파리지엔)	야채나 과일을 둥근 구슬 모양으로 파내는 방법으로 파리지엔 나이프를 사용한다. 요리 목적에 따라서 크기를 다르게 할 수 있다.	
Carrot Vichy (캐롯 비취)	0.7cm 정도의 두께로 둥글게 썰어 가장자리를 비행접시 처럼 둥글게 도려 낸다.	
Olivette (올리베트)	중간 부분이 둥근 마치 위스키 통이나 올리브 모양으로 써는 방법을 말한다. 이 방법 역시 썬다기보다는 '깎는다', '다듬는다'가 더 어울린다.	
Chateau (샤토)	가운데가 굵고 양쪽 끝이 가늘게 5cm 정도 길이의 계란 모양으로 써는 것을 말한다. 샤토는 썬다기보다는 다듬기가 더 어울리고 선이 아름답게 일정한 각도로 휘어져 깎이도록 해야 한다.	
Wedge (웨이지)	레몬이나 감자등을 반달 모양으로 써는 것이다.	
Concasse (콩카세)	토마토를 0.5cm 크기의 정사각형으로 써는 것으로, 토마토의 껍질을 벗기고 살 부분만을 썰어 두었다가 각종 요리의 가니쉬나 소스에 사용한다.	
Mince (민스)	야채나 고기를 으깨는 것이다.	

2) 토마토 모양내기(Tomato Garnish)

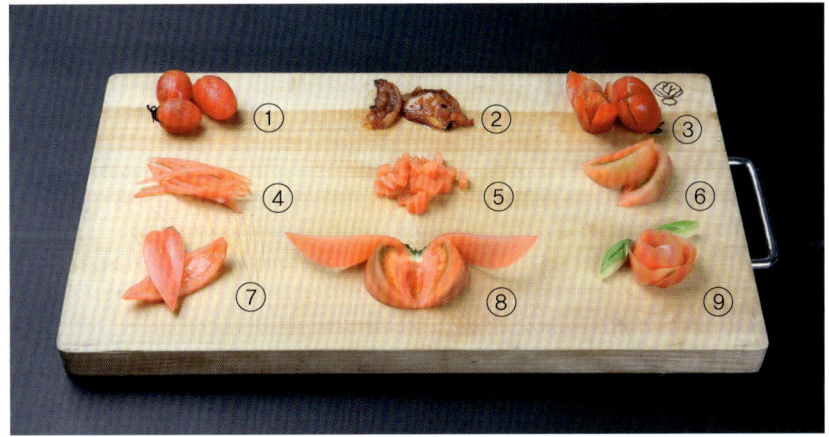

① 방울토마토(Cherry Tomato)
② 썬드라이토마토(Sun Dry Tomato)
③ 플라워토마토(flowerTomato)
④ 줄리앙 토마토(Julienne Tomato)
⑤ 콩카세(Concasse Tomato)
⑥ 웨이지 토마토(Wedge Tomato)
⑦ 리브토마토(Leaf Tomato)
⑧ 토끼 토마토(Rabbit Tomato)
⑨ 장미 토마토(Rose Tomato)

3) 감자요리와 모양내기(Pomme de Terre)

(1) 포테이토 윌리엄(Potato William)
감자 퓨레를 만들어 배 모양으로 빵가루 입혀 기름에 튀겨 낸다.

(2) 프렌치 프라이(Potato Fries, French Fries)
감자를 사방 1cm, 길이 5~6cm의 크기로 썰어 찬물에 헹구어 물기를 닦은 다음, 160℃ 튀김 기름 온도에서 10분 정도 튀겨내서 다시 180℃ 기름에 튀겨 뜨거울 때 소금을 뿌려낸다.

(3) 베르니 포테이토(Potato Berny)
감자를 통째로 익혀 껍질을 제거한 다음 으깬다. 달걀 노른자(Egg Yolk), 소금(Salt), 후추(Pepper)를 첨가하여 반죽(Dough) 상태로 만들어 모양을 만든다. 계란 물에 적신 다음 아몬드에 묻혀 디프 팻 프라이(Deep Fat Fry) 한다.

(4) 포테이토 페르시에(Potato Persillee)
보일드 포테이토(Boiled Potato)로 파슬리 촙(Parsley Chop)을 뿌려준다.

(5) 보일드 포테이토(Potato Boiled)
감자 한 개를 계란 모양으로 깎은 다음, 반으로 자른다. 소금 탄 물에 삶아 익으면 건져서 버터를 바르고 간을 한다. 파슬리 다진 것을 뿌려 제공한다. 생선요리에 주로 이용한다.

(6) 포테이토 샤또 스타일(Potato Chateau Style)
샤또(Chateau) 모양으로 감자를 다듬어 삶거나(Boiled) 튀긴다(Saute).

(7) 포테이토 파르망티에(Potato Parmentier)
1/2 큐브(Cube) 크기로 다듬어 조리한다.

(8) 포테이토 샹피뇽(Potato Champignon)
감자를 양송이 모양으로 만들어 Boil 또는 Saute한다.

(9) 퐁 뇌프 감자튀김(Potato Pont-neuf)
퐁 뇌프(Pont-neuf)의 다리 기둥 모양으로 사각의 직육면체에 모서리를 조금씩 자른 후 배가 볼록한 모양을 하여 삶은 후 기름에 튀겨낸다.

(10) 감자 크로켓(Potato Croquette)
감자를 삶아서 껍질을 제거하여 달걀 노른자, 소금, 후추, 넛맥을 넣어 반죽(Dough)한 다음 길이 4cm, 지름 1.5cm 정도로 길쭉하게 모양내어 달걀 물에 적시고 빵가루를 묻혀 디프 팻 프라이(Deep Fat Fry) 한다.

(11) 포테이토 페어(Potato Pear)
작은 구슬 모양으로 삶아 파슬리 가루를 뿌려준다.

(12) 포테이토 노르망디(Potato Normande)
감자의 껍질을 제거하고 얇게 슬라이스(Slice) 한 다음, 양파와 함께 볶는다. 우유와 밀가루(Flour)를 첨가하여 그라탱(Gratin) 한다.

(13) 포테이토 안나(Potato Anna)
감자를 원통으로 다듬어 얇게(2mm) 슬라이스 하여 두꺼운 팬에 반쯤 익혀 형틀에 쌓아 오븐에서 완전히 익힌다.

2. 재료의 계량

정확한 개량은 재료를 경제적으로 사용하고 과학적인 조리를 할 수 있는 기본이 된다. 조리를 합리적, 계획적으로 하기 위하여 각종 계량 컵이 이용되고 있으며, 조리 목록의 작성 등 조리 과학에 매우 중요하다.

1) 체적계기의 종류

- cylinder : 크기별로 다양하다.
- 계량컵 : 크기별로 다양하며, 용도에 따라 합리적인 모양이 다양하다.
- 계량국자, 계량 스푼 : 용도별, 크기별로 다양하며 소량의 계측에 적당하다.

2) 계량기기의 종류

- 저울 : 형태별, 용도별로 다양하며 최근에 전자 저울이 많이 사용된다.

3) 온도계

수은 온도계, 알콜 온도계, 튀김용 온도계, 자기 온도계, 전자 감응식 온도계 등 유형별 형태별, 용도별로 다양하다.

4) 무게와 용량을 나타내는 단위

3tsp	1Tbsp		16Tbsp	1cup
2cup	1pint		4quart	1gallon
16ounces	1 pound		28.35 grams	1 ounces
453.59 grams	1 pound		2.2 poinds	1 kilogreams

5) 섭씨와 화씨의 온도 전환 공식

- $c = 5/9(F-32)$
- $F = 9/5C+32$
- C = Centigrade, F = Fahrenheit

3. 향신료

현재 세계 각 국에서 판매되고 있는 향신료의 종류는 겨자, 계피 가루, 레몬, 필, 카레가루, 카더몬, 커민, 파프리카, 후춧가루 등이 있다. 단독의 향신료 외에 카레 가루같이 여러 종류의 향신료를 섞어 만드는 것도 있다. 카레 가루는 후추, 넛맥, 생강, 계피, 정향, 코리앤더(coriander), 쿠민(cumin), 딜(dill), 회향, 심황, 카더몬 같은 향신료를 배합한 것이다. 또한 멕시코의 칠리파우더는 고추를 주로 하여 오레가노(oregano) 등과 그 외의 몇 가지 향신료를 혼합한 것이다.

향신료의 사용법은 비교적 어렵다. 음식을 만드는 법을 보면 '소량' 또는 '적당히'라고 기록되었고, 몇 g 또는 몇 순갈이라고 정확하게 표시되어 있지 않다. 이유는 사용량이 적어서이기도 하지만 같은 향신료라 할지라도 맛의 강도가 다르기 때문이다. 향신료를 지나치게 사용했을 때는 음식의 맛을 그르치게 되므로 사용량에 대하여 주의를 요한다.

향신료의 종류에는 신선한 Fresh herb와 말려둔 Dry Spices, 식초나 소금에 절여 병이나 캔에 저장해둔 것들이 있다.

1) Fresh Herb

(1) 오레가노(oregano) : 민트과에 속하며 매우 강한 식물로 멕시코, 이태리, 미국 등지에서 자생한다. 주로 멕시칸과 이탈리안 요리에 흔히 사용되는 것으로 우리에게는 피자와 파스타의 향으로 친숙 해져 있다. 물론 여기에 사용되는 오레가노는 건조시킨 잎이나 곱게 갈아서 만든 파우더 형식이 주로 이루고 있다. 하지만 최근 에는 국내 생산이 가능하여 후레쉬 오레가노를 요리의 가니쉬, 드레싱, 소스에 이용할 수 있다.

특히 가금류와 육류의 로스팅에는 후레쉬 오레가노를 소금, 후추, 로즈마리 기름과 함께 사용하면 그 향의 진가를 발휘할 수 있다.

(2) 딜(Dill) : 원산지는 유럽으로 기후만 적당하면 어디서든 잘 자라는 생명력을 가지고 있다. 딜은 후레쉬 딜(fresh dill), 말린 것은 딜 위드(dill weed), 딜 씨드(dill seed) 등으로 구분한다. 딜의 사용 은 연어찜, 절임 연어, 피클, 샐러드, 사워크라우트, 수프, 소스 등 주로 가벼운 향을 원하는 요리에 적당하다.

(3) 바질(Basil) : 민트과에 속하는 일년생 식물로, 원산지는 동아시아와 유럽이지만 우리나라에서도 재배가 가능하여 현재 많이 사용하고 있다. 특히 토마토 요리에서 흔히 이용되는데 이태리 요리에서는 빼놓을 수 없는 향신초이며 샐러드의 드레싱, 생선요리, 수프에 사용된다.

(4) 처빌(Chervil) : 처빌의 사용은 현대에 와서 급증하는 추세를 보이고 있다. 그 이유는 국내에서 처빌의 생산이 수요를 감당할 만큼 늘었고 그 맛이 순하여 동양인의 입맛에 잘 어울리기 때문인 것으로 분석된다. 원산지는 서아시아와 러시아이고 생선이나 수프의 가니쉬로 사용되기도 하고 샐러드에 첨가하면 그 순한 맛이 품위를 한층 더 높여준다.

(5) 커리엔더(Coriander) : 파슬리과에 속하는 식물로써 프랑스 및 멕시코에서 발견되었다. "고수"라 불리기도 하고 중국파슬리 라고도 한다. 열매는 작은 후추만 하고 마치 모래알처럼 밖으로 튀어나와 있다. 향이 강하므로 사용시 양을 적절히 사용해야 하고 너무 많이 가하면 맛이 변하는 경우가 있으므로 사용시 양을 적절히 조절해야 하고 후레쉬로 사용할 경우 잎의 조직이 매우 연하므로 물리적 방법을 너무 많이 가하면 맛이 변하는 경우가 있으므로 가능한 단순한 요리방법을 택하는 것이 좋다.

(6) 마죠람(Marjoram) : 감미로운 향과 그 잎의 매듭이 곱게 난 것이 상품으로 간주된다. 원산지는 지중해 지역이지만, 영국, 독일, 프랑스, 체코슬로바키아 등 유럽 등에 널리 분포되어 있다. 신선한 상태로 사용하기도 하지만 말려서 사용할 때는 일반적으로 꽃이 핀 직후 수확하여 말린다. 감자수프, 거위수프, 오리간, 달팽이 소스, 토끼요리, 햄을 만들 때 매우 다양하게 쓰이고 있다.

(7) 민트(Mint) : 서양요리에 매우 광범위하게 사용되고 있으며, 종류에 있어서도 매운 맛을 내는 페퍼민트, 향을 내는 애플민트, 캣민트, 스페어민트 등 다양하게 있고 모양새도 조금씩 다르다. 민트의 사용은 껌, 알코올, 음료, 캔디, 페스츄리 뿐만 아니라 육류, 채소, 수프, 소스, 생선 등에 널리 이용되고 있다.

(8) 로즈마리(Rosemary) : 보라색 꽃을 피우며 지중해 연안에 자생하는 잡목의 일종으로 그 잎을 그대로 또는 말려서, 말린 것을 갈아서 사용하는데 말린 것은 대부분의 육류 요리에 있어 향을 내기 위한 목적으로 쓰이는데 특히 양고기와 돼지고기를 굽거나 조리는 데 많이 쓰인다.

(9) 타라곤(Tarragon) : 다년생 허브로, 유럽이 원산지이고 러시아나 몽골리아에서는 화초로 많이 키우고 있다. 타라곤은 말릴 경우 향이 줄어들기 때문에 신선한 오일에 절여 두었다가 그 식초와 오일을 사용하기도 한다. 신선한 잎을 따서 샐러드나 피클, 수프에 넣으면 은근한 향을 낸다.

(10) 세이지(Sage) : 세이지는 잎만을 사용하는데, 잎을 따서 말리기도 하고 신선한 상태로 가금류나 육류의 속을 채워 로스트나 스튜를 할 때 많이 쓰인다.

(11) 다임(Thyme) : 전통적인 지중해 허브의 하나이지만 현재에는 유럽 각국과 영국, 미국 등 넓게 분포되어 있다. 주로 로스트, 소스, 수프 등 널리 이용된다.

베이비캐럿

아스파라거스

그린피스

프리세

루꼴라

엔다이브

그린비타민

영캐비지

라디치오

샬롯

파프리카

대추방울토마토

라임

아보카도

석류

만가닥버섯

2) Dry Spices

(1) 월계수 잎(Bay leaf) : 일반적으로 상록관 목수와 진녹색 잎을 말려서 사용하는데 말리면 연한 올리브 녹색으로 변하게 된다. 원산지는 지중해 연안이고 특히 이태리에서 많이 생산되고 유고슬로바키아와 그리스, 터키를 중심으로 자생한다. 미곡, 서구 에서는 만병초라 부른다. 육류 스튜, 소꼬리 수프, 소스, 청어절임, 토마토 등 거의 모든 요리에 사용된다고 할 수 있는데 특히 양고기의 냄새를 없애거나 갈비 절임에도 좋다.

(2) 클로브(Cloves) : 인도네시아가 원산지인 열대목의 꽃을 개화되기 전에 수확하여 건조시킨 것으로 향이 매우 강하다. 프랑스를 비롯 하여 전 세계적으로 요리를 만들 때 없어서는 안될 매우 중요한 향신료로 인식되어 왔고 현재도 전 세계적으로 많이 사용되고 있다.

(3) 라벤더(Lavender) : 푸른색과 핑크 또는 흰색의 향이 좋은 꽃을 피우고 사절 푸른 잎을 가지고 있다. 라벤더의 기름은 통증을 가라앉히고 근육을 풀어주는 효과가 있어 약용으로 많이 쓰인다. 또한 목욕이나 세탁물을 보관하기 위한 향으로 널리 쓰이고 있다. 다른 향신료와 같이 직접적으로 요리에 향을 내기 위하여 쓰이는 경우는 없으나 "라벤더 식초(Lavender vinegar)"를 만드는데 즐겨 사용되고 있다.
꽃이 달린 줄기를 병에 넣고 식초를 부어 2~3주간 담구어 두면 훌륭한 라벤더 식초가 된다.

(4) 계피(Cinnammon) : 주요 생산지는 스리랑카와 미국, 중국 등 이고, 그 품질은 두께가 얇고 향기가 좋은 것이 상품이고 대부분은 미국의 카시아(casia) 계피가 많이 이용되고 있지만 근래에 와서 사이공에서 생산되는 계피가 품질과 향면에서 뛰어나 각광을 받고 있다. 가루계피는 패스추리, 빵, 푸딩, 캔디 등에 통계피를 과일조림, 피클, 수프 등에, 계피오일은 향의 목적과 의학적인 목적으로 사용되기도 한다.

(5) 넛맥(Nutmeg) : 원산지는 인도네시아의 몰루카섬이고 그 외에 서인도 제도 반다섬과 파푸아, 브라질 등에서도 생산되고 있다. 평균 10~12m 높이 나무에 복숭아 같은 열매의 씨를 말려서 만드는데 표면의 코팅된 껍질은 메이스(mace)의 원료로 쓰인다. 향은 달콤하면서도 깊은 맛을 지니고 있다. 크림푸딩, 수프, 치킨, 송아지, 사슴고기, 스튜 등에 사용된다.

(6) **메이스(Mace)** : 인도네시아 몰루카섬(moluccas lisland)이 원산지로 넛맥(nutmeg)나무에서 생산된다. 향은 넛맥보다 더 미세하며 매우 높은 방향성을 지니고 있다. 주로 유가공품에 쓰이며 케이크, 빵, 푸딩요리, 계란요리 등에도 이용하면 좋다.

(7) **후추(Pepper)** : 중세기에 후추의 가격은 금값과 비교될 만큼 비싸서 일반인들에게는 신비의 약초로 알려져 있었다. 후추는 검은 것과 흰 것이 있는데 검은 것이 일반적으로 더 맵고 톡 쏘는 맛이 강하다. 검은 후추는 동남아시아 주로 말라바르 해협, 보루 네오, 자바, 수마트라가 원산지이고 피페르 니그룸이라는 넝쿨에서 완전히 익기 전의 열매를 수확하여 햇볕에 말린 것이다. 완전히 익었을 때는 붉은 색으로 변하는데 이것이 핑크 페퍼 콘(pink pepper corn)을 만든다. 흰 것은 말라바 해협에서 생산되는 것이 최상의 품질로 알려져 있다. 후추는 가루를 내어 쓰기도 하고 통째로 요리에 넣기도 한다.

(8) **샤프론(Saffron)** : 붓꽃의 일종으로 아시아가 원산지이나 스페인, 프랑스, 이태리, 남아프리카에서도 자라고 있다. 초가을에 가장 먼저 피어나는 꽃 중에 붉은 부분만을 골라 생산되는데 그 맛은 씁쓸하고 약간 단맛을 지니고 있다. 샤프론은 소스, 수프, 생선, 쌀, 감자, 패스츄리에 아름다운 색을 부여한다.

(9) **커리(Curry)** : 인도가 주산지이나 현대에 와서는 인도네시아를 비롯하여 우리나라 등 동남아 전역에 두루 사용되고 있다. 본래의 커리만을 사용한다기보다는 터메릭(turmeric), 커리엔더(coriander), 생강, 캐러웨이(caraway) 등 여러 스파이스를 섞어 만들어 내기 때문에 그 종류도 매우 다양하다. 커리가 사용되는 요리는 수백가지에 달하며 우리나라에서도 익숙한 커리라이스, 커리치킨, 소스, 채소 잎 등이 있다.

(10) **올 스파이스(All spice)** : 자메이카 열대에서 자생하는 키 작은 상록수의 열매에서 추출된다. 서인도섬과 남아메리카, 멕시코 등지에서도 자생하는데 피멘토, 피멘타라 불리면서 자메이카 후추로도 많이 알려져 있다. 향은 클로브, 넛맥, 시나몬 등 다양한 향신료와 비슷한 향을 갖고 있으며, 용도도 다양하여 소시지, 생선, 피클, 렐리쉬의 잎, 디저트 등에 두루 사용된다.

3) 기타

(1) 케이퍼(Caper) : 프랑스, 스페인, 이태리, 몰타 등 지중해 및 인접 지역에서 자라고 있는 케이퍼 줄기에 달리는 꽃봉우리를 말한다. 소금물에 절이기도 하고 식초에 담가 보관하기도 하는데 소금물에 담아 보관하는 것은 사용 시에 한 번 정도 씻어주는 것이 좋다. 육류 스튜와 타르타르 소스, 샐러드, 소스, 청어절임 등 매우 다양하게 쓰인다. 사용 시 주의점은 요리가 완성된 상태에서 사용하면서 첨가 후 익지 않도록 한다.

(2) 올리브(Olives) : 올리브는 지중해를 대표하는 열매로서, 올리브 나무의 품종은 수백여 가지 인데, 학명은 모두 올레아 유로피아(olea europaea)로 분류된다. 올레아는 라틴어로 오일(oil), 즉 기름을 뜻하며, 올리브 기름은 담백하고 맛이 깊기 때문에 그대로 빵을 찍어 먹거나 샐러드에 많이 사용한다. 올리브의 종류에는 그린 올리브, 블랙 올리브를 비롯하여 그린 그레이, 레드 브라운, 다크레드 등 다양하며 익은 정도에 따라서 맛, 향, 식감이 차이가 있으며 그린 올리브가 블랙 올리브에 비해 식감이 단단하고 아삭하다.

(3) 홀스래디쉬(Horseradish) : 중앙 유럽과 아시아가 원산지인 겨자과의 이 식물은 톡 쏘는 맛이 일품이다. 현재 전유럽과 미국에서 많이 생산되고 있으며 이 뿌리의 껍질을 벗겨 식초와 우유를 넣고 끓여 넣기도 하고 식초와 소금을 가미하여 저장도 하는데 사용 시 취향에 따라서 크림이나 레몬주스, 사과즙 등을 첨가한다. 신선한 것은 강판에 갈아서 소스, 생선, 소고기 등에 사용하면 얼얼한 맛이 일품이다.

(4) 머스타드(Mustard) : 머스타드는 온화한 기후와 열대기후 어디서든 자생하는 생명력 덕분에 세계 어디서든 광범위하게 퍼져 있다. 채소로 사용되는 머스타드 잎은 날 것으로 먹기도 하고 열을 가하기도 한다. 하지만 더욱 다양하게 사용되고 있는 것은 머스타드 식물의 씨를 이용한 것이다. 머스타드 씨는 밝은 밤색으로 갈아서 사용하는데 양념으로 가미한 머스타드를 만들 때는 부드러운 것이 특징이다. 이외에도 홀스래디쉬를 섞거나 지방 특색을 살린 독일식, 오스트리안식, 자메이카식 등이 있다. 소스, 샐러드, 피클 등에 사용하고 육류와 곁들여 먹기도 한다.

브런치 마스터

4. 치즈

치즈의 분류는 사용된 원유(젖소, 양, 순록, 물소, 당나귀, 낙타 등)에 따라 분류하거나, 숙성시킬 때 사용한 곰팡이나 박테리아 종류에 따라 분류하거나 또는 치즈의 제조 과정에서 이용한 응결 방법, 숙성 방법, 첨가물, 숙성 조건(온도, 시간, 습도 등)에 따라 분류하기도 하지만 대채적으로 경·연질에 따라 분류된다.

(1) 연질 치즈
- 수분 : 45~50% (비숙성 치즈, 세균 숙성치즈, 곰팡이 숙성치즈)
- 종류
  ① 크림치즈(Cream cheese) : 크림과 우유를 섞어 만든 치즈
  ② 마스카르포네 치즈(Mascarpone cheese) : 이탈리아에서 생산 되는 크림치즈, 티라미수에 사용한다.
  ③ 까망베르 치즈(Camembert cheese) : 프랑스 노르망디 지역에서 만든 연질 치즈로, 신선할 때는 부서지기 쉬우나, 오래될 수록 더욱 물렁 물렁해지며 맛이 강해진다.
  ④ 브리 치즈(Brie cheese) : 프랑스 브리지역에서 생산하며 깊고 부드러운 맛으로 치즈의 여왕이라고도 한다.
  ⑤ 끌로 미에 치즈(Coulommiers cheese) : 프랑스 치즈로, 표면에 하얀 가루가 묻어 있으며 약간 단단하며 짠맛이 있다.

(2) 반경질 치즈 (세균 숙성치즈, 곰팡이 숙성치즈)
- 수분 : 40~ 45%으로 응유를 익히지 않고 압착하여 만든다.
- 종류
  ① 모짜렐라 치즈(Mozzarella cheese) : 이탈리아, 물소의 젖으로 만들기 시작했으나 요즘은 대부분이 우유로 만든다.
  ② 고르곤졸라 치즈(Gorgonzola cheese) : 이탈리아의 블루 치즈, 달콤 하고 톡 쏘는 맛
  ③ 페타치즈(Feta cheese) : 그리스지역, 양, 염소 젖으로 만든 것으로, 세계에서 가장 오래된 치즈 중의 하나
  ④ 블릭치즈(brick cheese) : 미국 치즈, 벽돌 모양으로 작은 구멍이 있다.
  ⑤ 에담 치즈(Edam cheese) : 네덜란드 북부 에담 지방 치즈 로 공모양의 붉은색 왁스 코팅이 되어 있어 사과처럼 보이는 반 경질 치즈
  ⑥ 고다 치즈(Gouda cheese) : 하우다 치즈라고도 하며, 우유를 써서 압착하여 숙성시킨 네덜란드 치즈로 담황색 또는 버터 색깔을 띠는 큰 원반형 반경질 치즈
  ⑦ 로코포르 치즈(Roquefort cheese) : 프랑스 크림처럼 연하고 짠맛이 강하여 냄새가 강하다.
  ⑧ 스틸턴 치즈(stilton cheese) : 영국의 블루치즈. 향이 지나치게 강하다.

(3) 경질 치즈

- 수분 함량 : 30~40% 으로, 응유를 끓여 익힌 다음 세균을 첨가하여 3개월 이상 숙성한 것. 둥근 모양으로 숙성시키면 단단해지므로 운반과 저장이 용이하다.
- 종류
    ① 에멘탈 치즈(Emmental cheese) :
    스위스 에멘탈 지방에서 생우유를 압착시켜 두 단계에 걸쳐 숙성시켜 cheese eye라고 하는 구멍이 나게 한 것
    ② 체다 치즈(Cheddar cheese) :
    영국의 남부 체다 마을이 원산지이며, 우유를 응고시킨 다음 커드를 작게 잘라서 유청과 분리하며 큰 덩어리를 벽돌처럼 자른 다음 켜켜이 쌓아놓고 시간 간격을 두고 쌓인 위치를 바꾸어주는 Cheddaring 과정을 통하여 조직이 형성되고 견고한 질감과 풍성한 향미가 생성된다.
    ③ 그뤼에르 치즈(Gruyere cheese) : 스위스 퐁듀에 들어가는 치즈
    ④ 프로볼로네 치즈(Provolone cheese) :
    이탈리아 남부 지역에서 소금물에 담긴 모짜렐라 치즈를 꺼내서 물기를 닦아낸 다음 온도와 습도가 잘 조절되는 공간에 두면 다른 종류의 치즈가 된다. 소시지처럼 노끈으로 묶어서 매달아 놓아 모양이 울퉁불퉁한 것이 많다.
    ⑤ 라끌레트 치즈(Raclette cheese) :
    프랑스어 'Racle(긁다)'에서 유래한 것으로, 치즈를 반으로 갈라서 단면을 불에 쬐어 녹기 시작하면 칼로 긁어 먹었다.

(4) 초경질 치즈

- 수분 함량 : 25~ 30%이며 매우 단단한 치즈
    ① 파르미지아노 레지아노 치즈 (Parmigiano Reggiano cheese) :
    이탈리아 북부 Parma와 Reggio-Emilia 지역에서 생산되는 치즈로, grana라고 하는 과립형 결정 입자가 느껴지는 hard cheese
    ② 그라나 파다노 치즈 (Grana Padano) :
    이탈리아 에일리아 로마냐 지방에서 우유로 만든 치즈로 숙성기간이 매우 길다. 외피는 암색으로 아주 좋은 향기가 나고 섬세한 맛이 난다.

5. 기본 조리 방법 습득하기

1) 조리방법(Cooking methods)

식품의 조리는 공기(air), 기름(fat), 물(water), 증기(steam)에 의해서 이루어 진다. 이것들을 흔히 조리 "매개체(meadia)"라고 하는데, 일반적으로 건식열(dry heat)과 습식열(moist heat)의 두 가지 형태로 구분한다.

건식열 조리방법은 공기나 기름을 이용하는데, 철판구이(broiling), 석쇠구이(grilling), 오븐구이(roasting or baking), 소테(Sauteing), 튀김(deep-frying)과 같이 열을 가하되 수분이 동반되지 않고 연기의 향을 최대한 살려주는 조리방법으로 표면의 색이 짙은 밤색으로 변화되는 경우가 많다.

습식열 조리방법은 물이나 수증기를 사용하는 것이다. 습식열 조리방법에는 삶기(poaching), 끓이기(boiling), 찌기(steaming), 은근히 끓이기(simmering)와 같은 조리방법이 있다. 습식 조리방법은 재료의 자연적인 향과 맛을 강조하는 조리방법이다.

이외에도 다른 조리방법은 이 두 가지를 적절하게 혼합하는 복합방식으로 브레이징(braising), 슈트(stewing)등이 있다.

가. 건식열 조리방법(Dry-heat cooking methods)

(1) 구이(broling)

구이는 열전달이 다단계를 이루면서 마지막에 식재료에까지 영향을 준다. 최초의 열은 매우 고온으로 1,000℃ 이상이지만 방사에 의해 철판 또는 금속성 조리기구로 전달되어 최종 온도는 조리에 알맞게 된다. 물론 인위적으로 조절이 가능하도록 한다. 식재료에 직접적으로 열이 닿게 되면 재료에 손상을 입게 되므로 금속성 조리기구에 열을 먼저 가한 다음 적정온도가 되었을 때 재료를 넣어 조리한다. 따라서 처음 열원에서 직접적으로 조리 기구에 열을 가하고 다음으로 조리매개체에 열을 가하면 조리에 알맞은 온도가 되었을 때 재료를 넣는다.

(2) 팬후라이(Pan-frying)

열원으로부터 열이 전도되어 소량의 기름을 넣어 조리하는 것은 소테와 동일하나 조리시작 때의 표면온도는 소테보다 비교적 낮으며 조리시간도 길다.

팬후라이를 할 때 팬은 충분히 예열이 되어 있어야 하는데 그 이유는 조리할 재료에 필요 이상으로 기름이 스며드는 것을 막아야 하기 때문이고 낮은 온도에서 시작하면 완성되었을 때 요리의 질감이 떨어지기 때문이다.

팬후라이를 시작하는 온도는 소테보다 조금 낮은 170℃~200가 적합하며 식재료의 색이 적당하게 되었을 때는 온도를 조절해주는 조리의 시작과 끝 사이에 적당한 시간을 안배하여야 한다.

(3) 오븐구이(roasting or baking)

오븐구이는 일정한 공간 내에 조리할 재료를 두고 뜨거운 열이 재료의 주위를 맴돌게 함으로써 구워지는 결과를 가져오도록 하는 것이다. 로스팅이란 가름류(poultry)나 육류(meats)를 오븐에서 굽기 할 때를 말하고, 베이킹은 생선(fishes), 과일(fruits), 야채(vegetables), 빵(breads), 제과류(pastrys)를 오븐으로 구이할 때 사용한다.

조리방법은 대류형식의 열기가 전체적으로 골고루 돌게되면 전도에 의해서 식재료가 조리되는데 표면이 갈색으로 바뀌면서 당류의 캐러멜화(caramelization)현상이 두드러진다. 온도는 재료 와 조리 목적에 따라 차이가 있지만 일반적으로 캐러멜화가 시작 되는 170℃~220℃에서 시작되므로 미리 오븐의 온도를 예열 시키는 것이 좋다.

(4) 소테(sauteing)

소테는 많은 양을 조리하기보다는 적은 양을 순간적으로 실행 하는 매우 효과적인 조리방법이다. 예열된 소테 팬에 적은 양의 기름을 두르고 기름에서 연기가 발생할 때쯤 시작하면 좋은 결과를 얻을 수 있다. 소테 조리를 하는 목적은 식품의 영양소 파괴를 최소화하면서 식품에서 맛있는 즙이 빠져 나오는 것을 방지하기 위함이다. 육류의 경우 표면에 소테를 함으로써 표면의 기공을 막아 육즙의 손실을 최소화하는데 스테이크를 조리할 때 먼저 센 불에 소테 후 오븐에서 로스팅 하는 것이 바로 이러한 방법을 사용 하는 좋은 예이다.

(5) 석쇠구이(grilling)

구이와 성격이 비슷하게 보이지만 조리가 이루어지는 표면 바로 아래에 위치하는 열원으로부터 에너지를 받아 조리를 한다. 쉽게 말하면 석쇠가 열원과의 적절한 거리유지 역할을 하고 있다. 석쇠 구이는 전기를 사용하든 가스를 사용하든 간에 석쇠와 열원간에 숯이나 나무를 태워 조리재료에 훈연향을 돋울 수 있는 장점이 있다.

(6) 튀김(Deep-Frying)

튀김은 건식열 조리방법에서 기름의 대류원리를 이용하는 대표적 조리방법이다. 튀김을 하기 위해서는 먼저 재료에 튀김옷을 입히는 경우가 많은데 그것은 재료가 기름 속에서 변화하는 것을 최소화 하려는 의도에서 시작되었으나 이제는 요리의 맛을 다양하게 하는 하나의 방법으로 발전되었다. 튀김을 할 때는 색깔이 황금색이 나도록 해야하며 물기를 제거한 후 튀겨야 한다. 또 재료의 크기나 모양도 고려해야 한다. 너무 크면 속까지 익지 않고 너무 작으면 기름에 갑작스럽게 색이 변화한다. 튀김 기름의 온도는 175~190℃에서 시작하는 것이 적당하고 재료를 넣을 때는 조심스럽게 비스듬히 밀어 넣어 기름이 튀는 것을 방지하여야 한다.

나. 습식열 조리법(Moist-heat cooking meathods)

(1) 삶기(Poaching)

삶기는 액체 내부온도 65~92℃에서 재료를 액체 속에 완전히 담구어 조리하는 것으로 이때 재료에서 향이나 풍미를 살리기 위하여 스톡(stock), 부용(Bouillion), 식초를 섞은 물을 많이 사용한다.

(2) 은근히 끓이기(Simmering)

은근히 끓이기는 낮은 불에서 대류현상을 유지하지만 조리하는 재료가 흐트러지지 않도록 끓이는 것을 말한다. 이 방법을 역시 열원에서 에너지가 조리 기구로 옮겨가 다시 매개체로 온도를 전달시켜 조리가 이루어진다. 은근히 끓이기는 85~96℃ 사이에서 비교적 높은 열을 유지하면서 내용물이 계속적으로 조리되도록 하여야 한다.

(3) 끓이기(Boiling)

끓이기는 매개체의 대류방식에 의해 조리하는 것으로써 많은 양의 재료를 계속하여 반복적으로 액체 속에서 익히기 위한 목적으로 사용한다. 온도는 삶기와 은근히 끓이기보다 높은 온도에서 조리가 시작되고 끝난다. 끓이기의 온도는 일반적인 상태에서 100℃ 이상을 유지하는데 재료를 투입하면 액체의 온도가 내려가므로 같은 상태라면 더 많은 열을 가하여야 한다. 또한 대기 압력에 의해서도 끓는 온도는 조금씩 달라진다. 예를 들어 1,000미터를 상승할 때마다 물이 끓는 온도는 1℃씩 떨어져 재료가 조리되는데 영향을 미치게 된다.

(4) 증기찜(Steaming)

찜은 수증기의 열이 재료에 옮겨져 조리되는 원리이다. 수증기는 공기 중으로 퍼져나가는 속도가 매우 빠르므로 일정한 공간을 확보 해야 조리가 가능하다. 먼저 조리할 재료를 수증기가 모일 수 있는 장소에 두고 수증기 아벽이 가해질 수 있도록 공간을 폐쇄한 다음 수증기를 가하여 조리를 하는데, 이때 액체가 직접 재료에 닿는 것은 피해야 한다. 동시에 수증기가 재료 주위로 원활하게 순환 하여 재료를 골고루 익힐 수 있어야 한다.

(5) 데침(Blanching)

데침은 짧은시간에 재빨리 재료를 익혀내기 위한 목적으로 사용되는 조리법이다. 데침에는 기름과 물을 매개체로 하여 재료를 익히는데 높은 열에서 시작하고 재료와 매개체의 비율은 1:10 정도를 유지해야 한다. 데침에 주로 사용되는 재료는 푸른색을 지닌 야채로서 엽록소를 높은 열에 고정화하기 위함이다.

다. 복합 조리방법(Combination cooking methods)

(1) 브레이징(Braising)

브레이징은 건식열과 습식열 두 가지 방식으로 이용한 대표적인 조리방법으로 재료의 품질을 최대한 살려준다. 일반적으로 브레이징 하는 재료는 덩어리가 큰 것을 먼저 건식열로 높은 온도에서 주위를 갈색이 나도록 구워 육류 내부에 있는 주스가 빠져나오는 것을 막아 준다. 다음으로 채소나 소스 등을 곁들여 적당한 열을 가해주며 조리하는데 재료 주변으로 오일을 감싸서 조리되는 동안 재료가 건조되는 것을 막아준다.

(2) 스튜(Stewing)

스튜는 작은 덩어리를 높은 열로 표면에 색을 낸 다음 습식열로 조리하는 것이 특징이다.

스튜를 할 때는 소스를 충분히 넣어 재료가 잠길 정도로 하고 완전히 조리될 때 까지 건조되는 일이 없도록 해야 한다. 보통 브레이징보다 조리시간이 짧은데 그 이유는 브레이징에 비하여 주재료의 크기가 작기 때문이다.

2) 양식조리 기본재료(Cooking, Cook basic material)

미르포아 *Mirepoix*

스톡, 수프, 브레이즈, 스튜 등의 향미를 좋게 하기 위해 당근, 양파, 셀러리, 월계수 잎, 백리향 등을 주사위 모양으로 잘게 썰어서 혼합한 것

 만드는 법

1. 크기는 용도, 시간에 따라 다이스, 슬라이스, 찹 형태로 썬다.
2. 물에 삶으면 색이 빠져나오는 셀러리, 당근과 달리 물이 빠지지 않게 하기 위해 양파를 충분히 넣어준다.
3. 해산물을 삶을 때 사용하면 잡내도 잡아주고 재료 자체의 맛을 더 이끌어 준다.
4. 채소를 갈색이 나게 기름이나 버터로 볶거나 프레시한 상태로 사용한다.

정제버터 *Clarified Butter*

버터를 약한 불에서 천천히 녹여 수분을 증발 시키고 유지방을 분리 하여 걸러 낸 것

 만드는 법

1. 버터를 냄비에 넣고 중간 불에서 끓여준다.
2. 액체가 된 버터는 불순물을 소창에 걸러 정제된 버터만 사용한다.

리에종 *Liaison*

소스나 수프를 진하게 하기 위해서, Beurre manie, Roux, 난황, 녹말가루, 밀가루, 전분 등을 사용한다.
Egg Liaison은 달걀에 크림 등을 넣어서 사용한다.

 만드는 법

1. 달걀 노른자에 생크림을 넣는다.
2. 잘 섞이도록 거품기로 저어준다.
3. 농도를 낼 스프나 소스에 화력을 낮추고 리에종을 섞어 넣어 원하는 농도를 낸다.

제2부
브런치 메뉴 97선

Chapter 1. 양식 소스 조리 _ 32

Chapter 2. 양식 수프 조리 _ 38

Chapter 3. 양식 전채 조리 _ 54

Chapter 4. 양식 샐러드 조리 _ 62

Chapter 5. 양식 파스타 조리 _ 75

Chapter 6. 양식 조식 조리 _ 98

Chapter 7. 양식 샌드위치 조리 _ 113

Chapter 8. 양식 사이드 디쉬 & 카나페 조리 _ 129

Chapter 9. 양식 푸드 플레이팅 _ 139

Chapter 1. 양식 소스 조리

1. 농후제

- **농후제의 정의**

  농후제란 소스나 스프를 걸쭉하게 하여 농도를 내며 풍미를 더해주는 것을 칭한다. 소스에 사용되는 농후제는 대부분이 녹말이 젤라틴화 되는 조리원리를 이용한 것이다. 녹말의 젤라틴화는 물과 함께 열을 가했을 때 끈끈해지는 현상인데 소스가 끈끈해지면 구강 내에 머무르는 시간이 늘어남으로써 맛을 느낄 수 있는 시간이 길어지고 감촉을 좋게 함으로써 맛의 느낌을 후각이나 촉각 등으로 확대할 수 있다.

- **농후제의 종류**

  ### 1) 루(Roux)
  밀가루와 버터를 1 : 1의 비율로 볶는 것이 이상적이었으나 최근에는 버터가 많이 들어간 벨루테(Velute) 보다는 야채에 포함된 전분을 이용한 퓨레 스프를 선호하는 추세이다.
  밀가루 4 : 버터 1을 넣고 비벼서 오븐에서 구워 낸 후 사용할 때 차가운 육수를 넣고 믹서기에 갈아 더운 소스나 스프에 넣어 주기도 한다. 색에 따라 화이트 루, 브론드 루, 브라운 루로 나눠 쉽게 풀어지고 서로 엉키는 것을 방지하며 걸쭉하게 하는 역할을 한다.

  ### 2) 뵈르 마니에(Beurre Manie)
  녹여놓은 버터에 동량의 밀가루와 섞어 분비한 후 일부를 소스의 일부와 먼저 섞어 농도가 나기 시작하면 나머지 소스를 넣고 완전히 녹을 때까지 저어준다.
  밀가루와 버터를 같은 비율로 섞어 반죽한 것으로, 서로 완전히 섞여 부드러워질 때까지 비벼주거나 나무주걱으로 저어준다. 이것을 소스 농도 조절 시 적당량을 넣어가면서 휘퍼로 휘저으면 쉽게 풀어진다.

  ### 3) 전분(Cornstarch)
  감자전분, 옥수수전분, 야채나 뿌리 자체에 들어있는 전분질을 이용하여 농도를 조절할 수 있다.

  ### 4) 달걀 (Eggs)
  노른자의 응고성을 이용하여 농도를 조절한다. (앙글레이즈 소스, 홀렌다이즈 소스, 마요네즈 소스) 더운 요리에서는 비린내가 없어질 때까지 가열을 잘해 주도록 한다.

  ### 5) 리애종(Liaison)
  계란노른자나 생크림과 같이 자신의 성격을 어느 정도 나타내어 소스에 대한 풍미와 영양을 더해주고 부드러움을 강조해주는 농후제로 비교적 강도는 떨어지는 특징이 있다.

2. 소스의 종류

1) 육수 소스
 ① 갈색육수 소스
  뼈를 오븐에 넣어 색을 내거나 야채는 팬에 볶아 황갈색을 내어 향신료와 함께 끓여 육수를 만들어 낸다.
  폰 드보(fond de veau), 에스파뇰(Espagnole), 데미글라스(Demi glace)라고도 한다.
 ② 흰색 육수 소스
  송아지 닭, 생선 육수에 연갈색 루(Blond Roux)를 넣어 끓여서 송아지 벨루태, 닭 벨루테, 생선 밸루테를 만든다.

2) 우유 소스
 우유와 루에 향신료 가미한 소스를 말하며, 베샤멜 소스, 크림 소스 등이 있다.

3) 유지 소스
 1) 식용유를 주로 사용한 소스 : 마요네즈, 비네그레트
 2) 버터를 주로 사용한 소스 : 홀렌다이즈, 베르 블랑(Vert Blanc)
  ① 홀렌다이즈 소스 : 마요네즈와 원리는 같으며 식용유 대신 정제한 버터를 사용한다.
  ② 베르 블랑(Vert Blanc) : 하얀 버터라는 뜻이며 부드럽고 더운 버터 소스로 약한 불에서 만들어야 하며 버터의 질이 소스의 맛을 결정 짓는 데 큰 역할을 한다.

4) 디저트 소스
 후식 소스를 의미하며 크림 소스와 리큐르 소스가 있으며, 리큐르 소스에는 과일소스, 초콜릿 소스가 있다.

3. 소스를 용도에 맞게 제공하는 방법
1) 소스는 사용하는 재료의 맛을 잘 내게 할 수 있어야 한다.
2) 소스의 향이 너무 강하여 원재료의 맛을 저하 시키면 안된다.
3) 연회장에서 사용하는 소스는 많은 양의 접시를 제공해야 하므로 약간 되직한 것이 좋다.
4) 색감을 자극하여 모양을 내기 위해 곁들여 주는 소스는 색이 변질되지 않게 해야 한다.
5) 튀김 종류의 소스는 제공하기 직전에 뿌려 줘야 바삭함을 유지할 수 있다.
6) 질 좋은 고기의 스테이크에는 고기의 맛을 살리기 위해 많은 양의 소스를 사용하지 않는다.
7) 주재료의 특징이 부족할 경우에는 맛을 상승 시킬 수 있는 개성이 강한 소스를 뿌려 주면 좋다.
8) 버무리는 소스, 곁들이는 소스, 접시 바닥에 사용하는 소스, 디자인용 소스를 잘 구분하여 사용하면 좋다.

Chapter 1. 양식 소스 조리

마요네즈 소스 *Mayonnaise Sauce*

 지급 재료

- 계란 노른자 ·················· 50g
- 식초 ···························· 20ml
- 겨자 ····························· 2g
- 식용유 ························ 360ml
- 물 ······························ 10ml

 만드는 법

1. 달걀노른자에 식초와 겨자를 넣어 휘핑해 준다.
2. 기름을 천천히 넣고 계속 치대어 준다.
3. 마요네즈가 빽빽해지기 시작하면 적은 양의 물을 넣는다.
4. 추가로 넣는 양념이나 레몬 쥬스, 우스터 소스, 또는 핫소스 같은 향을 내기 위한 재료를 넣어도 된다.
5. 드레싱으로 한번에 서브하거나 냉장 보관한다.

Point
- 마요네즈를 만들기 위한 최적의 온도는 18~24℃이다.
- 낮은 온도에서는 유화가 어렵지만 한번 제조된 뒤에는 좀 더 탄탄한 조직의 소스를 얻을 수 있다.
- 마요네즈에 첨가하는 오일의 온도도 일반적 으로 16~18℃를 유지하면 좋다.

메트로 도텔 버터 소스 *Maitre d'hotel Butter Sauce*

 지급 재료

- 버터 ···························· 250g
- 다진 파슬리 ···················· 40g
- 레몬 주스 ······················· 5ml
- 소금 ····························· 약간
- 후추 ····························· 약간

 만드는 법

1. 버터를 상온에 두어 부드럽게 만든다.
2. 파슬리는 곱게 다진다.
3. 부드러워진 버터에 파슬리와 레몬 주스를 섞어주고 소금과 후추로 간을 한다.
4. 반고체 상태의 버터를 용도에 맞는 모양으로 만들어 냉장고에 넣어 굳혀 사용한다.

Point
- 소스를 만들어 둥글게 하여 냉동시킬 경우 장시간 보관하면 맛과 향이 떨어지므로 단시간(일주일 이내) 내에 사용하는 것이 좋다.

Chapter 1. 양식 소스 조리

바질 페스토 소스 Basil Pesto Sauce

 지급 재료

- 바질 ·················· 30g
- 마늘 ·················· 5g
- 볶은 잣 ··············· 10g
- 소금 ·················· 3g
- 파마산 치즈 ·········· 20g
- 올리브유 ············· 30ml

 만드는 법

1. 바질을 씻어서 물기를 제거한다.
2. 올리브 오일을 제외한 모든 재료들을 믹서기에 넣고 갈아준다.
3. 갈려진 페이스트에 올리브 오일을 넣고 잘 섞어주어 완성한다.

Point
- 견과류는 구워서 넣으면 견과류 특유의 날 맛을 잡을 수 있다.
- 앤초비도 기호에 따라 조금 넣어주면 맛이 풍부해진다.
- 소금 간을 한 상태로 저장하면 빨리 삭아서 색이 검게 되고 맛이 변질되기 쉽다.
- 막자 사발로 바질을 빻으면 바질 잎이 으깨지면서 즙이 흘러나와 프로세서에 가는 것 보다 맛이 더 좋다.

베샤멜 소스 Bechamel Sauce

 지급 재료

- 버터 ·················· 20g
- 밀가루 ··············· 20g
- 우유 ·················· 250ml
- 월계수 잎 ············ 1장
- 정향 ·················· 1개
- 양파 ·················· 20g
- 소금 ·················· 2g
- 후추 ·················· 2g

 만드는 법

1. 냄비에 버터와 밀가루를 사용하여 화이트 루를 만든다.
2. 루에 우유를 조금씩 넣으면서 나무주걱으로 잘 풀어 지게 저어주며 끓여 준다.
3. 양파에 정향을 박고 월계수 잎과 함께 넣고 끓기 시작 하면 불을 약하게 하여 소금 후추 간을 한다.
4. 고운 체에 걸러 그릇에 담는다.

Point
- 밀가루는 항상 체에 내려서 사용하고 루는 볶은 다음 어느 정도 식힌 뒤 우유를 넣어야 덩어리가 생기지 않고 잘 풀린다.
- 소스는 나무 주걱을 사용하여 만든다.
- 루의 양은 소스의 걸쭉한 농도를 결정 한다.

Chapter 1. 양식 소스 조리

벨루테 소스 *Veloute Sauce*

 지급 재료

- 버터 ·········· 20g
- 밀가루 ········ 20g
- 치킨 스톡 ····· 250ml
- 월계수 잎 ······ 1장
- 정향 ·········· 1개
- 양파 ·········· 20g

 만드는 법

1. 냄비에 버터와 밀가루를 사용하여 화이트 루를 만든다.
2. 루에 치킨 스톡을 조금씩 넣으면서 잘 풀어지게 나무 주걱으로 저어주며 끓여준다.
3. 양파에 정향을 박고 월계수 잎과 함께 넣고 끓기 시작하면 불을 약하게 하여 소금 후추 간을 한다.
4. 고운체에 걸러 그릇에 담는다.

Point
- 화이트 소스는 쉽게 눌어 붙으며 알루미늄 팬에서 조리할 경우에 잿빛을 띠게 될 수 있다. 가능하다면, 열 전열기를 사용하거나 위가 평평한 가스 레인지에서 일정하고 낮은 온도에서 서서히 끓여준다.
- 루의 양은 소스의 걸쭉한 농도를 결정 한다.
- 미르포아나 버섯 부산물, 또는 양파류 등을 종종 추가로 넣어준다. 소스의 향미를 강화시켜 주거나 특별한 향을 만들어 준다.

에스파뇰 소스 *Espagnole Sauce*

 지급 재료

- 밀가루 ········ 20g
- 버터 ·········· 20g
- 양파 ·········· 30g
- 당근 ·········· 30g
- 셀러리 ········ 30g
- 브라운 육수 ···· 400ml
- 토마토 페이스트 · 30g
- 월계수 잎 ······ 1장
- 검은 통후추 ···· 4개

 만드는 법

1. 양파와 당근, 셀러리를 깨끗이 씻어 얇게 썬다.
2. 팬이 뜨거워지면 버터를 넣고 얇게 썬 양파, 당근, 셀러리를 넣고 갈색 으로 볶는다.
3. 불을 약하게 하여 토마토 페이스트와 밀가루를 넣고 나무 주걱으로 진한 갈색이 되도록 볶는다.
4. 브라운 스톡을 넣고 덩어리가 생기지 않도록 서서히 풀어주며 월계수 잎, 검은 통후추를 넣고 약한 불에서 끓여 준다.
5. 고운 체에 걸러 그릇에 담는다.

Point
- 브라운 소스의 궁극적인 성공은 일반적으로 브라운 스톡에 의해 좌우된다.
- 버섯 다듬은 것, 허브, 마늘, 또는 샬롯 등 소스에 넣어 맛을 더 낼 수 있다.

Chapter 1. 양식 소스 조리

적포도주 비네그레트 소스 *Red wine Vinaigrette Sauce*

 지급 재료

- 적포도주 식초 ·········· 50ml
- 겨자 ························ 2g
- 샬롯 ························ 5g
- 검은 통후추 ············· 2개
- 설탕 ························ 2g
- 올리브유 ················ 150ml
- 파슬리 ····················· 1g
- 바질 ························ 1g
- 소금 ······················· 약간

 만드는 법

1. 샬롯과 파슬리, 바질을 곱게 다져 놓는다.
2. 믹싱볼에 식초, 겨자, 다진 샬롯, 소금, 으깬 검은 통후추, 설탕을 넣고 올리브유를 조금씩 넣어가며 휘저어 유화 시킨다.
3. 다진 파슬리와 바질, 소금, 설탕을 넣고 마무리 한다.

Point
- 강한 향의 엑스트라 버진 올리브 오일은 간단한 그린 잎들에는 맛을 더해주지만 섬세한 재료의 향을 억누를수 있다.
- 오일과 산이 3 : 1 비율이고 유화(에멀전)를 위해 잘 휘저어 섞어준다.

페스토 비네그레트 소스 *Pesto Vinaigrette Sauce*

 지급 재료

- 백포도주 식초 ·········· 30ml
- 바질 페스토 ············· 25g
- 올리브 오일 ············· 100ml
- 소금 ······················· 약간
- 후추 ······················· 약간

〈바질 페스토〉
- 바질 ························ 30g
- 마늘 ······················· 5g
- 볶은 잣 ··················· 10g
- 소금 ······················· 3g
- 파마산 치즈 ············· 20g
- 올리브유 ················ 30ml

 만드는 법

1. 백포도주 식초, 바질 페스토를 섞은 후, 올리브오일을 넣고 휘저어 유화 시킨다.
2. 소금과 후추로 간을 맞춘다.

〈바질 페스토〉
1. 바질을 씻어서 물기를 제거한다.
2. 올리브 오일을 제외한 모든 재료들을 믹서기에 넣고 갈아 준다.
3. 갈려진 페이스트에 올리브 오일을 넣고 잘 섞어주어 바질 페스토를 만든다.

Point
- 페스토(pesto)는 바질을 빻아 올리브 오일, 치즈, 잣 등과 함께 갈아 만든 녹색의 이탈리아 소스이다.
- 전기 믹서나 프로서서 보다는 전통적인 대리석 사발과 나무 막자를 사용해 수작업으로 만드는 것이 좋다. (막자사발로 바질을 빻으면 바질 잎이 으깨지면서 즙이 흘러 나오지만 기계로 갈면 금속 칼날이 바질 잎을 잘게 다질 뿐, 즙이 흐르지 않아 맛이 덜하기 때문이다)

Chapter 2. 양식 수프 조리

> **수프의 기원**
> 수프의 기원은 여러 가지 설이 있지만 그 중에서 프랑스에서 전해져 오는 포타쥬 생산에 사용되는 빵의 일종이 변하여 수프가 되었다는 것이 가장 설득력이 있다. 로마시대의 식생활을 살펴보면 단단한 빵에 포도주를 적시어 먹는 것을 자주 볼 수 있는데 이것은 그 당시 빵 만드는 기술이 현대와 같이 발달되어 있지 않았기 때문에 빵이 조금만 시간이 지나면 금방 노화가 일어나 단단해져 포도주나 육즙에 담그어 부드러워지면 그 때 먹었던 것으로 보인다. 그렇지만 이것이 곧 수프라고 하기에는 거리감이 있는 것이 사실이다.
> 현대에 와서 수프(Soup)와 포타쥬(Potage)가 동의어로 사용되는 경우가 있지만 예전에는 채소나 생선, 육류를 이용하여 만든 맑은 수프에는 빵이나 파스타, 잡곡류를 곁들여 내는 것이 일반화되어 있었다.

1. 수프의 구성요소

(1) 육수(Stock)
수프의 맛을 좌우하는 가장 기본이 되는 요소이며, 생선, 소고기, 닭고기, 채소 등의 식재료의 맛을 낸 국물로 수프가 가지고 있는 본래의 맛을 낼 수 있어야 한다.

(2) 루(Roux) 등의 농후제
수프의 농도를 조절하는 농후제는 리에종(Liason)이라고도 한다.

(3) 곁들임(Garnish)
수프에 해당하는 재료를 사용하여 조화가 잘 이루어지게 하고 수프의 맛을 증가시켜주는 역할을 한다.
수프를 만들 때 사용한 육류나 가금류, 생선류, 채소나 향신료를 적절한 양을 사용하고 모양과 적당한 크기로 자른 다음 제공한다.
토마토 콩카세(Tomato cdncasse), 크루통(Crouton), 파슬리, 달걀요리, 덤블링(Dumpling), 휘핑크림 등의 다양한 재료를 사용하고 있다.

(4) 허브와 향신료
사람들의 생활에 도움이 되는 향기가 있는 식물의 총칭이 허브이며, 잎, 줄기, 꽃, 뿌리 등이 이용된다. 향신료는 방향성과 자극성을 지닌 식물의 종자와 열매, 줄기, 나무껍질 등에서 얻어지는 재료들을 말한다.
음식을 만들 때 첨가하여 식품의 풍미를 더하게 되며, 식욕을 촉진 시키고 방부 작용과 산화방지 등의 식품 저장성을 증가시키며 소화기능을 도와주는 역할을 한다.

2. 수프의 종류

(1) 맑은 수프(Clear soups)
수프의 색깔이 깔끔하며 투명한 색을 지니고 있다.
수프에 이물질이나 다른 향이 들어가면 좋지 않으므로 조리 시 세심한 주의를 요한다.

(2) 크림과 퓌레 수프(Cream and pureed soups)
대중적으로 알려져 있는 수프이며, 주재료 자체로 농도를 내지만, 다른 재료를 이용할 경우 주재료의 맛을 최대한 보존하면서 농도를 조절 할 수 있게 한다.

(3) 비스크 수프(Bisque soups)
바닷가재(Lobster)나 새우(Prawn) 등의 갑각류 껍질을 으깨어 채소와 함께 완전히 우러 나올 수 있도록 끓이는 수프이다.
마무리로 크림을 넣어줄 때 너무 많이 첨가하면 맛이 변하므로 주의한다.

(4) 차가운 수프(Cold soups)
오이, 토마토, 양파, 피망, 빵가루에 올리브유와 마늘을 곁들여 얼음과 함께 제공하는 스페니시 수프인 가스파쵸가 대표작이다.
물에 불린 빵 이란 뜻으로 요즘은 과일과 신선한 야채를 퓌레로 만들어 크림이나 다른 가니쉬를 곁들이는 방법을 많이 사용한다.

(5) 스페셜 수프 (Special soups)
각국별, 지역별로 특색 있게 개발되어 전통적으로 전해져 내려오는 수프이며, 이탈리아의 미네스트롱, 프랑스의 어니언 그라탱 수프, 인도의 카레, 미국 남부의 검보 수프 등이 있다.

3. 수프 담기

1) 수프 자체가 갖고 있는 고유의 색상과 질감을 표현하며 균형감 있게 담아야 한다.
2) 청결하며 깔끔하며 전체적으로 보기에 좋아야 하며 먹기 쉽게 담아야 한다.

Chapter 2. 양식 수프 조리

닭고기 쌀 수프
Chicken Rice Soup

포르투갈의 전통요리로서 쌀죽에 닭고기를 넣은 수프이며, 포르투갈의 영향을 받은 모든 나라에서 즐겨먹는 요리이다.

만드는 법

1. 닭 가슴살을 사방 1cm 크기로 잘라 냄비에 올리브유를 넣고 갈색이 되도록 볶은 후 식혀준다.

2. 팬에 양파, 셀러리, 당근, 다진 마늘을 넣고 볶아준다.

3. ②에 쌀을 넣고 볶아주고 치킨 스톡을 넣어 월계수 잎, 로즈마리, 다진 고추 와 함께 끓여 준다.

4. 쌀이 부드러워 질 때 까지 약한 불에서 끓여주고, 닭고기와 옥수수를 넣어 한번 더 끓인다.

5. 소금과 후추로 간을 맞추고 기름기, 향신료를 제거하고 다진 고수 잎으로 장식하여 완성한다.

지급 재료

- 닭 가슴살 ···································· 70g
- 올리브유 ······································· 5ml
- 양파 ··· 12g
- 당근 ··· 6g
- 셀러리 ·· 6g
- 월계수 잎 ······································ 1개
- 태국 건고추 ································ 1/2개
- 로즈마리 ····································· 1줄기
- 치킨 스톡 ································· 300ml
- 마늘 ·· 1개
- 쌀(씻고 물기 제거한 것) ············· 10g
- 옥수수 ·· 25g
- 고수 잎 ·· 2g
- 소금 ··· 약간
- 후추 ··· 약간

Point
- 매콤한 맛을 더하고 싶다면 타바스코를 첨가해서 먹으면 좋다.

Chapter 2. 양식 수프 조리
브로컬리 크림 수프
Cream of Broccoli Soup

신선한 브로컬리와 생크림을 넣어 만든 크림 수프이다.

만드는 법

1. 브로컬리는 찬물에 담가 두었다가 깨끗이 씻은 후 줄기를 제거하고 적당한 크기로 잘라 소금물에 데쳐 익혀 둔다.

2. 양파와 감자는 얇게 채 썰어 놓는다.

3. 냄비에 버터를 두른 후 썰어 놓은 양파, 감자를 넣고 볶아준다.

4. 볶은 재료에 스톡 2컵 정도, 월계수잎을 넣고 푹 익힌 뒤, 월계수잎 꺼내고 우유, 익혀둔 브로컬리와 함께 블랜더로 곱게 갈아 준다.

5. 식빵은 사방1cm 정도로 썰어 버터에 볶아 크루통을 만든다.

6. 4를 냄비에 담고 끓이다가 생크림을 넣어 살짝 더 끓여 준다.

7. 약간 걸쭉해 지면 소금과 후추로 간을 한 후 담아 크루통을 올려준다.

지급 재료

- 브로컬리 ················ 70g(줄기 포함)
- 양파 ···································· 30g
- 감자 ···································· 30g
- 식빵 ···································· 1/6개
- 버터 ···································· 10g
- 생크림 ································ 50ml
- 우유 ·································· 100ml
- 월계수 잎 ···························· 1장
- 치킨 스톡 ························ 100 ml

Point
- 브로컬리 데칠 때 뚜껑 열고 소금을 넣어 데쳐야 색이 푸른색을 유지한다.

Chapter 2. 양식 수프 조리

비스크 수프
Bisque Soup

비스크(bisque)는 프랑스어로 "갑각류나 조개류를 갈아서 만든 걸쭉한 크림 수프"를 말한다. 옛날 프랑스인들이 비스크를 끓일 때 빵가루로 농도를 맞췄는데 빵 이름이 비스큐였다고 한다. 오늘날에는 수프의 의미보다는 소스로 만들면서 통틀어서 비스큐라고 부른다.

만드는 법

1. 새우는 머리, 껍질을 분리 하여 새우살과 함께 팬에 버터를 넣어 볶은 다음, 미르포아를 넣고 볶는다.

2. 토마토 페이스트와 밀가루를 넣고 갈색이 되도록 볶은 다음 브랜디를 넣고 졸여준 후, 스톡을 넣고 약한 불에서 끓여준다.

3. 향신료 주머니를 넣고 끓여 주며 불순물은 걷어낸다.

4. 완성되면 생크림을 넣고 소금, 후추로 간을 맞추어 향초 주머니를 꺼낸다.

5. 체에 걸러 그릇에 담아준다.

6. 새우살은 작은 사각으로 잘라 수프에 올려준다.

지급 재료

- 새우 ······················· 50g
- 양파 ······················· 12g
- 셀러리 ······················6g
- 당근 ························6g
- 마늘 ························3g
- 토마토 페이스트 ········ 10g
- 버터 ······················· 20g
- 밀가루 ···················· 10g
- 스톡 또는 물 ········· 300ml
- 생크림 ·················· 25ml
- 브랜디 ····················· 5ml
- 향신료 주머니 ············ 1개
- 소금 ························약간
- 후추 ························약간

Point

- 미르포아 : 양파, 셀러리, 당근, 마늘
- 향신료 주머니 : 월계수 잎, 검은 통후추, 다임
- 양파, 당근, 셀러리를 처음에 오일을 안넣고 볶으면 직화향이 나서 맛이 풍부해진다.
- 꽃게와 새우를 넣고 볶을 때 주걱으로 껍질을 부수고 짜주면서 조리하면 안에 있던 즙과 살이 밖으로 나오면서 향이 더 풍부해진다.
- 브랜디를 넣고 냄비 안에 토치로 불을 붙여 주면 갑각류의 비린내를 날려준다.

Chapter 2. 양식 수프 조리

옥수수 차우더 수프
Corn Chowder Soup

차우더(chowder)는 미국에서 생긴 요리이며,
해산물, 감자, 베이컨, 크림 등을 넣어 삶은 수프이다.

만드는 법

1. 베이컨과 양파, 셀러리, 피망을 0.5×0.5cm 크기로 썬다.

2. 소스팬에 베이컨을 볶다가 양파, 당근, 홍피망, 청피망을 순서대로 볶는다.

3. 버터와 밀가루를 넣고 화이트 루를 만들어 넣고, 스톡을 조금씩 넣으면서 저어 주면서 소금과 후추로 간을 하여 약한 불에서 끓인다.

4. 옥수수를 반쯤 갈아서 넣고 감자, 월계수 잎을 수프에 넣는다.

5. 감자가 익으면 생크림과 우유를 넣고 끓여 농도를 맞추어 완성한다.

지급 재료

- 베이컨 ········· 10g
- 양파 ············ 20g
- 당근 ············ 10g
- 청피망 ··········· 5g
- 홍피망 ··········· 5g
- 밀가루 ··········· 5g
- 치킨 스톡 ······ 300ml
- 소금 ············ 약간
- 후추 ············ 약간
- 옥수수 ·········· 30g
- 감자 ············ 30g
- 월계수 잎 ········ 1장
- 생크림 ········· 25ml
- 우유 ··········· 25ml
- 버터 ············ 10g

Point
- 차우더 스프는 농도를 조금 걸쭉하게 한다.
- Corn Chowder, Crab Chowder, Oyster Chowder, Clam Chowder 등이 있다.

브런치 마스터

Chapter 2. 양식 수프 조리

옥수수 크림 수프
Cream of Corn Soup

만드는 법

1. 캔옥수수는 체에 받쳐 물기를 뺀다.
2. 감자와 양파는 잘게 썰어 놓는다.
3. 냄비에 버터를 두른 후 잘게 썰어 놓은 양파와 감자, 캔옥수수를 볶다가 물 2컵 정도를 넣어 푹 익힌다.
4. 익힌 재료와 우유를 넣고 믹서에 곱게 갈아 냄비에 넣고 한소끔 끓인다.
5. 생크림과 소금, 흰 후추를 넣어 간한다.
6. 그릇에 담은 후 파슬리 가루를 뿌려 준다.

지급 재료

- 캔 옥수수 ······················· 150g
- 양파 ································· 50g
- 감자 ································· 50g
- 파슬리 가루 ······················ 약간
- 버터 ··································· 1T
- 우유 ······························· 150ml
- 생크림 ····························· 50ml
- 소금 ································ 약간
- 흰 후추 ···························· 약간

Point
- 양파·감자를 푹 익혀야 믹서기에 잘 갈아진다.
- 옥수수 5~7알 정도를 남겨놨다가, 완성한 수프 위에 장식으로 올려도 좋다.

Chapter 2. 양식 수프 조리

잉글랜드 차우더 수프
New england clam chower soup

뉴잉글랜드 클램 차우더는 크림 베이스의 수프로 감자, 양파, 조개 등을 넣어 요리한 것으로 보스턴 클램 차우더라고도 부른다. 미국 북동부에 정착한 청교도인들이 이 지역 인디언들의 영향을 받아 18세기 중반부터 생선과 조개를 이용한 수프를 만들어 먹으면서 유래됐다.

만드는 법

1. 베이컨과 채소(양파, 당근, 셀러리, 감자)를 약 0.7cm 정도, 두께 0.1cm 정도의 두께로 썰고 조개 육수를 만들어 놓는다.

2. 냄비에 버터를 두르고 베이컨을 볶은 후 채소가 익을 때까지 볶는다.

3. 2의 냄비에 조개 국물과 카이엔페퍼, 우스터소스, 감자를 넣고 끓인다.

4. 우유와 흰밥을 믹서기에 곱게 갈아서 3의 냄비에 넣는다.

5. 4의 냄비에 생크림을 넣고 끓인 후 소금과 후추로 간을 한다.

지급 재료

- 당근 ·············· 50g
- 양파 ·············· 50g
- 셀러리 ············ 50g
- 베이컨 ············ 20g
- 타임 ·············· 1g
- 카이엔페퍼 ········ 1g
- 우스터소스 ······· 10g
- 올리브유 ········· 20g
- 생크림 ·········· 100g
- 감자 ············· 80g
- 조개 ············ 100g
- 흰밥 ············ 100g
- 우유 ··········· 200ml
- 월계수 잎 ········ 1pc

Point
- 수프의 농도가 너무 진하지 않도록 한다.

Chapter 2. 양식 수프 조리

완두콩 퓨레 수프 *Peas Puree Soup*

 지급 재료

- 베이컨 ············ 10g
- 버터 ············ 10g
- 양파 ············ 20g
- 당근 ············ 10g
- 완두콩 ············ 30g
- 화이트 스톡 ············ 300ml
- 소금 ············ 약간
- 후추 ············ 약간
- 향초 주머니 ············ 1개
- 생크림 ············ 30ml

만드는 법

1. 베이컨은 크게 썰고 채소들을 0.5×0.5cm의 크기로 썰어준다.
2. 냄비에 버터를 넣고 베이컨을 볶다가 양파와 당근을 넣고 볶는다.
3. 향초 주머니를 넣고 완두콩이 물러질 때까지 충분히 끓여준 다음, 생크림을 넣고 소금과 후추로 간을하여 약한 불에 끓여준다.
4. 베이컨과 향초 주머니를 제거하고 믹서에 부드럽게 갈아준다.
5. 고운 체에 걸러 수프를 완성한다.

Point
- 향초 주머니 : 월계수 잎, 검은 통후추, 타임
- 민트와 바질을 첨가해서 끓여주면 은은한 향을 더해 줄 수 있다.
- 완두콩 본래의 맛을 최대한 살리기 위해 짧은 시간 가열해 맛의 변형을 줄여 주어야 한다.
- 스파이시한 맛을 곁들이고 싶으면 파프리카 가루를 뿌려서 먹어도 좋다.

시금치 크림 수프 *Cream of spinach soup*

 지급 재료

- 시금치 ············ 100
- 양파 ············ 50
- 대파 ············ 30
- 감자 ············ 120
- 닭 육수 ············ 150
- 우유 ············ 100
- 생크림 ············ 60
- 크루통 ············ 10g
- 소금 ············ 약간
- 후추 ············ 약간

만드는 법

1. 시금치를 손질하여 물에 씻어 놓는다.
2. 식빵을 작은 주사위 모양으로 썰어 버터 두른 팬에 구워 크루통을 만든다.
3. 냄비에 버터를 두른 후 양파와 대파를 볶은 후 감자를 넣고 좀 더 볶는다.
4. 3에 닭 육수를 넣고 20분간 끓인 후 우유와 크림을 넣고 10분 정도 더 끓인다.
5. 4에 시금치를 넣고 믹서기로 곱게 갈아 체에 내려 준비 한다.
6. 소금, 후추로 간을 한 후 수프 접시에 담는다.
7. 크루통을 올려 완성한다.

Chapter 2. 양식 수프 조리

단호박 크림 수프
Autumn squash Cream soup

단호박 양파 우유, 생크림이 구수하게 잘 조화되는 수프.

 만드는 법

1. 단호박은 씨와 껍질을 제거한 후 얇게 슬라이스 해 놓는다.

2. 양파도 채 썰어 둔다.

3. 냄비에 버터를 녹이고 양파를 먼저 충분히 볶은 후 단호박을 넣어 볶는다. 여기에 물을 적당량 넣어 푹 삶은 후 체에 내린다.

4. 아몬드는 마른 팬에 살짝 볶아 둔다.

5. 체에 내린 호박에 우유를 넣고 끓인다.

6. 불을 끈 후 소금과 후추로 간을 한다.

7. 완성한 수프를 그릇에 담고 아몬드, 파슬리 가루, 생크림으로 모양을 내 준다.

지급 재료

- 단호박 ·················· 1/3~1/4개
- 양파 ·························· 50g
- 우유 ························ 150ml
- 생크림 ······················ 20ml
- 슬라이스 아몬드 ············ 약간
- 소금 ························· 약간
- 흰 후추 ····················· 약간
- 파슬리 가루 ················ 약간
- 버터 ·························· 20g

Point

- 단호박을 쪄서 속을 파내고 완성한 수프를 부어서 전자렌지에 한 번 더 돌려서 뜨겁게 한 수프를 먹으며, 단호박을 긁어 먹으면 더욱 좋다.

- 단호박을 슬라이스 할 때 조심해서 다루도록 하며, 쪄서 썰면 잘 썰어 진다.

Chapter 2. 양식 수프 조리

토마토 크림 수프
Tomato Cream soup

만드는 법

1. 팬에 베이컨을 넣고 볶은 다음 양파, 셀러리, 당근 마늘 순으로 볶아주고 토마토 페이스트와 밀가루를 넣고 약한 불에서 볶아준다.

2. 토마토를 꽁까세 하여 넣고 토마토 퓨레와 스톡을 넣고 향신료와 함께 끓인다.

3. 생크림을 넣고 수프가 부드러워질 때까지 끓여준 다음 고운체에 걸러 농도를 조절하여 완성한다.

4. 식빵은 작은 사각으로 썰어 버터에 볶아 크루통을 만들어 가니쉬 한다.

지급 재료

- 베이컨 ·········· 1장
- 버터 ·········· 10g
- 양파 ·········· 12g
- 당근 ·········· 6g
- 셀러리 ·········· 6g
- 다진 마늘 ·········· 1개
- 치킨 스톡 ·········· 300ml
- 밀가루 ·········· 5g
- 토마토 ·········· 40g
- 토마토 페이스트 ·········· 20g
- 토마토 퓨레 ·········· 50ml
- 월계수 잎 ·········· 1개
- 생크림 ·········· 30ml
- 흰 후춧가루 ·········· 약간
- 소금 ·········· 약간
- 식빵 ·········· 1장

Point
- 치킨 스톡과 생크림은 농도에 따라 적당히 가감한다.

Chapter 2. 양식 수프 조리

토마토 파르팔레 수프
Tomato Farfalle Soup

미네스트로니 스프와 유사하며, Farfalle(이태리어로 "나비"의 뜻)를 추가한 스프이다.

만드는 법

1. 냄비에 물을 올린 후 끓으면 파르팔레를 넣고 7분 정도 삶아 건진다.

2. 베이컨, 모든 야채류는 사방 1cm로 사각 썰고, 마늘은 잘게 다져 놓는다. 토마토는 씨와 껍질을 제거하고 썰어둔다.

3. 냄비에 식용유 1T를 두른 후 썰어 놓은 재료와 마늘을 볶는다.

4. 3에 페이스트를 넣어 약불에서 볶다가 토마토, 치킨스톡과 물 2컵, 월계수, 정향을 넣고 끓인다.

5. 4에 마카로니(파르팔레)를 넣고 끓이다가 소금, 후추로 간한 다음 월계수, 정향은 건져내고 그릇에 담아낸다.

지급 재료

- 파르팔레 ················· 20g
- 베이컨 ··················· 1줄
- 셀러리 ··················· 30g
- 양파 ····················· 1/6개
- 양배추 ··················· 30g
- 당근/무 ·················· 20g씩
- 마늘 ····················· 1개
- 토마토 페이스트 ········· 30g
- 토마토 ··················· 1/2개
- 월계수, 정향 ············· 1개씩
- 치킨스톡(가루) ··········· 1t
- 소금, 후추 ··············· 약간씩

Point
- 모든 야채류는 빼이잔느 크기 (Paysanne : 1.2×1.2×0.3cm)로 썰면 좋다.

Chapter 2. 양식 수프 조리
양송이 수프
Button mushroom Soup

양송이 버섯과 양파를 넣고 만든 수프

만드는 법

1. 양송이 버섯을 2/3는 다지고 1/3은 슬라이스 한다.
2. 양파는 곱게 다져 놓는다.
3. 팬에 버터를 두른 후 다져 놓은 재료를 볶아 놓는다.
4. 냄비에 버터와 밀가루를 이용해 화이트 루를 만든 후 우유를 조금 넣어 호화시킨 후 남은 우유를 마저 넣어 끓인다.
5. 4번의 냄비에 볶은 재료를 넣고 끓인다.
6. 적당한 농도가 되면 생크림, 소금과 흰 후추를 넣어 마무리 한다.
7. 완성한 수프를 볼에 담고 슬라이스 한 버섯과 파슬리 가루(바질잎)로 장식한다.

지급 재료

- 양송이 버섯 ···································· 40g
- 양파 ·· 20g
- 밀가루 ··· 20g
- 버터 ·· 30g
- 소금 ·· 약간
- 흰 후추 ·· 약간
- 우유 ··· 150ml
- 생크림 ·· 50ml
- 파슬리(바질) ································· 약간

Point
- 송이, 양파를 볶아서 믹서기에 갈아서 만들기도 한다.
- 장식용 양송이는 작은 것으로 보기 좋게 슬라이스 한다.

Chapter 2. 양식 수프 조리

자연 버섯 크림 스프
Cream of Natural Mushroom Soup

만드는 법

1. 양파는 작은 사각으로 썰어 준비한다.
2. 양송이, 포고버섯은 슬라이스 한다.
3. 밀가루와 버터는 동량으로 화이트 루우를 만들어 놓는다.
4. 버터에 양파, 양송이, 표고버섯 순으로 볶은 다음, 루우와 치킨 스톡을 넣어 끓이다가 우유와 월계수 잎을 넣고 끓인다.
5. 월계수 잎을 제거하고 믹서기에 곱게 갈아 체에 걸러준다.
6. 5번의 스프에 크림을 넣어 약불에서 한번 끓여주고 트러플 오일을 넣고 소금, 후추로 간을 하여 완성한다.
7. 휘핑크림을 휘핑하여 완성된 스프 위에 모양 있게 올려준다.

지급 재료

- 양송이 버섯 ············· 80g
- 표고 버섯 ············· 30g
- 양파 ············· 20g
- 치킨 육수 ············· 100ml
- 우유 ············· 100ml
- 휘핑크림 ············· 20ml
- 밀가루 ············· 10g
- 버터 ············· 20g
- 트러플 오일 ············· 5ml
- 월계수 잎 ············· 1장
- 소금, 후추············· 약간

Point

- 버섯 크림 스프는 하얗게 나와야 하므로 채소, 버섯 등과 루우를 볶을 때 갈색이 나지 않게 유의해야 한다.
- 스프의 농도를 루우로 잘 맞추어야 한다.
- 믹서기는 핸드믹서를 사용해도 편리하다.

Chapter 2. 양식 수프 조리
버섯 감자 크림 수프

 만드는 법

1. 버터에 양파와 대파를 볶은 후 버섯을 볶는다.
2. 화이트 루(white roux)를 만들어 스톡을 붓고 1을 넣어 끓인다.
3. 우유와 크림을 넣어 끓인 후 버터를 넣어 부드럽게 만든다.
4. 블렌더에 곱게 간 후 체에 내려 소금, 후추로 간을 맞춰 수프 접시에 담아 장식한다.

지급 재료

- 표고 버섯 ·················· 30g
- 양송이 버섯 ················ 100g
- 버터 ······················ 20g
- 감자 ······················ 50g
- 화이트 와인 ················ 20ml
- 우유 ······················ 200ml
- 생크림 ···················· 100ml
- 타임 ······················ 1g
- 닭 육수 ···················· 200ml
- 양파 ······················ 50g
- 대파 ······················ 30g
- 월계수 잎 ·················· 1장
- 소금 ······················ 약간
- 후추 ······················ 약간

Point
- White roux : 밀가루와 버터를 동량으로 볶아 희게 만든다.

Chapter 2. 양식 수프 조리

치즈 감자 수프
Cheese Potato Soup

감자와 양파, 치즈, 우유, 생크림의 조화가 어울리는 수프

만드는 법

1. 감자는 껍질을 벗긴 후 얇게 채 썰어 찬물에 헹궈 전분기를 제거해 놓는다.
2. 양파도 얇게 채 썰어 놓는다.
3. 식빵은 1cm크기로 썰어 버터에 노릇하게 구워 크루통을 만들어 놓는다.
4. 냄비에 버터를 두른 후 채 썰어 놓은 감자와 양파를 볶는다.
5. 물 2~3C 정도와 월계수잎을 넣고 감자가 푹 익도록 끓인다.
6. 익혀 놓은 감자는 체에 내린 후 우유를 넣어 끓이다가 치즈와 생크림을 넣어 준다.
7. 소금과 흰 후추로 간을 맞춘 후, 수프볼에 담고 치즈와 크루통, 파슬리 가루를 올려 마무리한다.

지급 재료

- 감자 ·················· 150g 정도
- 양파 ····················· 40g
- 슬라이스 치즈 ············ 1장
- 우유 ···················· 100ml
- 생크림 ··················· 50ml
- 식빵 ···················· 1/4개
- 버터 ····················· 20g
- 소금 ····················· 약간
- 흰 후추 ·················· 약간
- 월계수 잎 ················ 1장

Point
- 감자를 삶을 때 완전히 익혀야 체에 내릴 수가 있다.
- 크루통 크기가 너무 크지 않게 유의한다.

Chapter 3. 양식 전채 조리

1. 전채요리의 특징
(1) 신맛과 짠맛이 적당히 어울리어 침샘을 자극하여 식욕을 촉진시킨다.
(2) 주요리보다 소량으로 만들어 다음 요리에 대한 기대감을 가질 수 있게 한다.
(3) 모양과 색채, 맛의 예술성이 뛰어나다.
(4) 계절감, 지역별 식재료 사용이 다양하다.

2. 전채요리의 분류

명칭	특징	종류
플레인 (Plain)	형태와 맛이 유지된 것	햄 카나페(Ham canape), 생굴(Oyster), 캐비아(Caviar), 올리브(Olive), 토마토(Tomato), 렐리시(Relish), 살라미(Salami), 소시지(Sausage), 새우 카나페(Shrimp canape), 안초비(Anchovies), 치즈(Cheese), 과일(Fruits), 거위 간(Foie gras), 연어(Salmon) 등
드레스드 (Dressed)	요리사의 아이디어와 기술로 가공되어 맛이 유지된 것	과일주스(Fruits juice), 칵테일(Cocktail), 육류 카나페(Meat canape), 소시지 말이(Sausage role), 구운 굴(Grilled oyster), 스터프트 에그(Stuffed egg)

(1) 오르되브르(Hors d'oeuvre)

오르되브르(Hors d'oeuvre)는 식전에 나오는 모든 요리의 총칭을 말하며, Hors는 '앞'이란 뜻이고 oeuvre는 '작업 식사'를 의미하여 식욕을 촉진 시킨다.
오르되브르는 영어의 애피타이저(Appetizer)이고 우리나라 말로는 전채라고 한다.

(2) 칵테일(Cocktail)

칵테일은 보통 해산물이 주재료이고 크기를 작게 만들어야 한다. 칵테일은 산뜻한 과일을 많이 이용하기도 한다. 칵테일은 차갑게 제공되어야 하고 모양이 예쁘고 맛도 좋아야 한다.

(3) 카나페(Canape)

카나페는 빵을 얇게 썰어서 여러 가지 모양으로 잘라 구워서 사용한다. 빵 위에 버터를 바르고 그 위에 여러 가지 재료를 올려 만든다. 빵 대신 크래커(Cracker)를 사용하기도 한다. 카나페는 다양하게 만들 수 있으며 여러 가지 재료를 사용한다.

(4) 렐리시(Relishes)

렐리시는 채소를 예쁘게 다듬어 마요네즈 등과 같은 소스를 곁들어 주는 것을 말한다.
재료는 셀러리, 무, 올리브, 피클, 채소 스틱 등을 사용한다.

3. 전채 요리 양념의 종류와 특성

콘디멘트(Condiments)는 양념을 지칭하는 용어로, 전채 요리에 사용되는 콘디멘트는 소금, 식초, 올리브유, 겨자, 마요네즈와 같은 소스류 등을 사용한다. 맛을 향상시키기 위해 허브(Herb)와 스파이스(Spice)를 사용한다.

(1) 올리브유(Olive oil)

올리브 나무(감람나무)의 열매에 함유된 기름을 압착 과정을 거쳐 추출한 것으로, 주성분은 불포화 지방산인 올레인산(Oleic acid)을 다량 함유하고 있다. 식용유 중에서 최고급품으로 사용되고 있다.

(가) 엑스트라 버진 올리브유(Extra virgin olive oil)
올리브 열매에서 압착 과정을 한번 거쳐 추출한 것으로 최상급이다. 산도의 조건(1%), 질, 향, 맛이 제일 우수하여 음식의 향을 내거나 조미료로 사용한다.

(나) 버진 올리브유(Virgin olive oil)
엑스트라 버진 올리브유와 같이 압착 과정을 거쳐 추출한 것으로 맛과 향이 다소 떨어지는 차이가 있고, 엑스트라 버진 올리브보다 산도(1~1.5%)가 높다.

(다) 퓨어 올리브유(Pure virgin olive oil)
올리브 열매로부터 3~4번째 나오는 오일로 혼합되어 사용된다. 산도가 2% 이상이고 가격이 저렴해서 많이 사용되고 있다.

1) 전채에 사용되는 육류의 특성(Meat appetizer)

전채 요리에 육류를 사용할 때는 단백질이 많은 살코기 부위가 많아 부드러운 안심이나 등심 부위를 사용하는 것이 좋다.

2) 전채에 사용되는 가금류의 특성(Poultry appetizer)

전채에 사용되는 가금류는 오리(Duck), 거위(Goose), 닭(Chicken), 간(Liver), 메추리(Quail), 꿩(Pheasant) 등을 사용한다. 가금류는 로스트(Roasted)하거나 테린(Terrine), 훈제(Smoked), 갈라틴(Galantine) 같은 조리방법을 사용하여 조리한다.

3) 전채에 사용되는 생선류의 특성(Fish and shellfish appetizer)

전채 요리로 많이 사용하는 것이 어패류라 할 수 있다. 전채 요리에 사용되는 조리법은 생것에 양념하는 타르타르(Tartar), 훈제(Smoked), 세비체(Ceviche), 쿠르 부용(court bouillon)에 살짝 삶아서 콘디멘트(Condiments)로 양념해서 사용하기도 한다. 어패류는 쉽게 변질되므로 주의해야 한다.
(1) 바다생선(Sea fish)
(2) 민물생선(Raw river fish)
(3) 극피동물(Echinodermata) : 성게류와 해삼류
(4) 갑각류(Crustacea) : 바다가재, 새우, 게, 대하
(5) 연체동물(Delayed an animal) : 오징어, 문어, 꼴뚜기, 낙지
(6) 조개류 : 전복, 소라, 우렁이, 굴, 대합, 모시조개, 가리비

4) 전채에 사용되는 채소류(Vegetable appetizer)
    로메인 상추(Romaine lettuce)
    로마시대 때 로마인이 즐겨 먹던 상추라고 하여 붙여진 이름이다. 성질이 차고 쌉쌀한 맛이 있다. 피부가 건조해지는 것을 막아주고 잇몸을 튼튼하게 하여 잇몸의 출혈을 막아준다.

4. 전채 요리의 조리방법

(1) 데침(Blanching)
    식품을 10배의 끓는 물에 넣고 천천히 또는 단시간 내에 끓여 찬물에 헹구어 내는 조리법이다.

(2) 포칭(Poaching)
    식품을 물 스톡, 쿠르 부용(Court bouillon)에 잠기도록 하여 70~80℃에서 뚜껑을 덮지 않고 삶는 방법이다.

(3) 삶기(Boiling)
    식품을 물에 넣고 비등점 가까이에서 끓이는 방법이다.

(4) 튀김(Deep fat frying)
    영양 손실이 가장 적은 조리법으로 기름에 튀기는 방법이다.

(5) 볶음(Saute)
    얇은 팬을 이용하여 버터나 식용 유지를 넣고 채소나 고기류 등을 200℃ 정도 고온에서 살짝 볶는 방법이다.

(6) 굽기(Baking)
    오븐 안에서 건조 열로 굽는 방법으로 육류나 채소 조리에 사용된다.

(7) 석쇠에 굽기(Grilling)
    직접 열을 이용한 조리방법으로, 석쇠에 굽고 줄무늬를 내서 오븐에서 익힌다.

(8) 그라탱(Gratin)
    식품위에 치즈, 크림, 혹은 달걀 등을 올리고 샐러맨더(Salamander)에 올려 요리 윗면이 황금색을 내게 하는 조리법이다.

5. 전채 요리 접시 담기

전채 요리의 접시 담기에 필요한 요소는 모양, 균형, 색상, 향, 크기, 질감으로 접시 담을 때 고려할 요소는 아래와 같다.
(1) 전채 요리 접시 담기는 고객의 편리성이 우선 고려되어야 한다.
(2) 전채 요리의 재료별 특성을 이해 한 후 적당한 공간을 두고 나누어 담는다.
(3) 접시에 따라 다르지만, 되도록 내원을 벗어나지 않게 한다.
(4) 전채 요리에 일정한 간격과 질서를 고려하며 담는다.

(5) 전채 요리의 소스(Sauce)는 너무 많이 뿌리지 않게 적절한 양을 뿌린다.
　　(6) 전채 요리의 가니쉬(Garnish)는 요리 재료를 겹치지 않게 골고루 담는다.
　　(7) 전채 요리의 양과 크기가 주요리보다 많거나 크지 않게 담는다.
　　(8) 전채 요리의 색깔과 온도, 풍미, 맛에 유의하여 담는다.

6. 전채 요리에 적합한 콘디멘트(Condiments) 제공하기

콘디멘트는 전채 요리와 어울리는 양념, 조미료, 향신료를 칭한다. 전채 요리의 특성에 따라 콘디멘트를 선택한 후 제공해야 하며, 전채 요리에 양념, 조미료, 향신료로 사용하며 또는 전채 요리에 뿌려져서 제공되거나 작은 접시에 따로 제공되기도 한다.

1) 전채 요리에 사용되는 콘디멘트(Condiments) 종류

　(1) Oil vinaigrette(오일 앤 비네그레트)
　　기본적으로 식초와 오일을 1:3의 비율로 섞은 후에 소금과 후추로 간을 해서 만든다. 만든 후에 허브를 다져 넣으면 허브 비네그레트가 된다. 해산물 요리와 채소 요리에 어울리는 양념이다.

　(2) Vegetable vinaigrette(베지터블 비네그레트)
　　양파, 홍피망, 청피망, 노란 파프리카, 마늘, 파슬리 등을 작은 다이스 모양으로 잘라 식초와 오일을 1 : 3의 비율로 섞은 후 소금과 후추로 간해서 사용한다. 해산물 요리에 많이 사용된다.

　(3) Tomato salsa(토마토 살사)
　　토마토를 작은 다이스 모양으로 잘라 다진 양파, 올리브유, 적포도주 식초, 파슬리 다진 것을 섞은 후 소금과 후추로 간을 해서 만든다.

　(4) Mayonnaise(마요네즈)
　　정제된 식물성 유지와 달걀노른자를 유화시켜 반고체로 만든 소스이다. 채소와 곁들이거나 무쳐서 사용한다.

　(5) Balsamic sauce(발사믹 소스)
　　발사믹 식초는 포도주 식초의 일종이며, 발사믹 식초를 반으로 졸인 후 올리브유와 소금, 후추로 간을 해서 사용한다.

Chapter 3. 양식 전채 조리

대칭 & 비대칭 플레이팅법을 이용한
연어 콩피

🍳 만드는 법

1. 연어는 소금, 후추, 딜, 샬롯, 레몬으로 15분간 절여둔다.

2. 올리브오일에 연어가 잠길 정도로 넣고 저온으로 20~30분 익힌다.

3. 당근, 애호박, 아스파라거스는 모양을 내어 데친 후 버터에 볶아서 소금 간한다.

4. 접시에 준비된 야채를 놓고 연어를 담아낸다.

5. 화이트와인 소스와 발사믹 크림 소스를 뿌려 완성한다.

〈화이트와인소스〉

1. 버터에 다진 양파를 넣고 볶다가 화이트 와인을 넣고 알콜을 날려준다.

2. 향신료와 생선스톡을 넣고 약한 불에서 1/3로 졸인다.

3. 루와 생크림을 넣고 농도를 조절 후 소금, 후추를 넣고 체에 걸러 완성한다.

 지급 재료

- 연어 ·················· 150g
- 아스파라거스 ·········· 1ea
- 애호박 ················ 20g
- 당근 ·················· 20g
- 샬롯 ·················· 1ea
- 레몬 ················· 1/4ea
- 월계수 잎 ············· 1leaf
- 올리브 오일 ·········· 100ml
- 딜 ····················· 3g
- 소금, 후추 ············ 약간

〈화이트 와인 소스〉
- 버터 ··················· 5g
- 다진 양파 ············· 20g
- 화이트 와인 ·········· 30ml

- 파슬리 ················· 5g
- 월계수 잎 ············ 1leaf
- 생선 육수 ·········· 100ml
- 화이트 루 ············· 5g
- 생크림 ··············· 50ml
- 소금, 흰 후춧가루 ···· 약간

〈바질 오일〉
- 바질 ·················· 30g
- 올리브 오일 ········· 300ml

〈발사믹 크림〉
- 발사믹 식초 ·········· 50ml
- 전분 ··················· 2g

Point

- 콩피(프랑스어 : Confit)는 요리 기법 중 하나로서 시럽(설탕물)이나 기름에 식자재를 넣고 오랫동안 끓이는 기법이다. 보통 시원하고 어두운 장소에서 조리하는데 그 시간을 몇 달까지 계속할 수도 있다. 특별히 프랑스 남부 지역에서 유래한 방식이다. 보통 육류나 과일에 해당하지만 이탈리아 요리에서는 양파, 마늘 등의 향신료에도 활용한다.

Chapter 3. 양식 전채 조리

연어 무스와 케이퍼 소스
Salmon Mousse with Caper Sauce

무스(mousse)는 프랑스어로 '거품'을 의미하는 말로 맛이 풍부하고 거품이 나는 요리로, 단 요리나 향기 나는 요리, 뜨거운 요리, 찬 요리 모두 포함하는 말이다.

만드는 법

1. 연어를 곱게 갈아 달걀흰자와 생크림을 넣고 체에 내려 부드러운 무스형태로 만든다.
2. 몰드에 연어 무스를 넣고 찜기에서 쪄 낸다.
3. 크림, 홀스래디쉬, 케이퍼, 딜을 넣고 홀스래디쉬 크림소스를 만든다.
4. 감자를 충분히 삶아서 체에 내리고 버터와 생크림을 넣어 부드러운 크림 감자를 만든다.
5. 접시에 크림 감자를 담고 그 위에 연어 무스를 올리고 소스를 뿌린다.
6. 마지막에 딜로 장식하여 완성한다.

지급 재료

- 연어 ·············· 100g
- 크림 ·············· 80g
- 달걀 흰자 ·············· 1개

〈크림감자〉
- 감자 ·············· 60g
- 버터 ·············· 10g
- 생크림 ·············· 30ml
- 소금 ·············· 약간
- 후추 ·············· 약간

〈소스〉
- 크림 ·············· 50g
- 홀스래디쉬 ·············· 10g
- 케이퍼 ·············· 5개
- 딜 ·············· 1g

Point

- 케이퍼 – 지중해 연안에 널리 자생하고 있는 식물로, 향신료로 이용하는 것을 꽃봉오리 부분이다. 꽃봉오리는 각진 달걀 모양으로 색깔은 올리브 그린색을 띤다.
- 홀스래디쉬 – 겨자 같은 매운맛과 상큼한 맑은 향이 나서 육류나 생선의 비린내를 없애주고 요리의 맛을 돋우는 역할을 한다.

Chapter 3. 양식 전채 조리

프로슈토 꼰 멜로네
Prosciutto con melone

만드는 법

1. 멜론을 웨지모양으로 썰어서 준비한다.
2. 프로슈토 햄을 썰어서 준비한다.
3. 파르미지아노 치즈를 뜯어서 준비한다.
4. 접시에 멜론을 올리고 프로슈토와 파르미지아노 치즈를 차례로 올린다.
5. 4번에 이리아다오일(올리브오일)을 뿌리고 페퍼콘을 뿌린 후 완성한다.

지급 재료

- 프로슈토 햄 ·················· 30g
- 머스크 멜론 ·················· 150g
- 핑크 페퍼콘 ·················· 1g
- 블랙 페퍼콘 ·················· 1g
- 알파파 ························ 2g

Point

- 파르메산 치즈로 유명한 이탈리아의 북쪽지방인 Parma 지방에서 생산되는 prosciutto햄이다.
- Italian prosciutto는 조리가 된 designated prosciutto cotto와 조리가 되지 않은 prosciutto crudo가 있다. 비록 조리가 안 되었다 하더라도 prosciutto는 이미 처리되어 있기 때문에 날로 먹을 수 있다. 양념해서 소금 처리를 한 다음 공기에서 숙성시키며 훈제는 하지 않는다.
- 이태리어 con = and
  이태리어 melone = melon

Chapter 3. 양식 전채 조리

토마토 살사 부르스케타
Tomato Salsa Bruschetta

Salsa : 스페인어로 "소금 맛"이라는 뜻이며, 멕시코 요리에 많은 소스.
Bruschetta : 이태리어로 "불에 그을린"이라는 뜻이며, 납작하게 잘라 구운 빵(바게트) 위에 각종 재료를 얹어 먹는 전채 요리이다.

만드는 법

1. 토마토는 살짝 데쳐 껍질을 벗기고 씨를 제거한 후 과육만 사방 0.5cm 정도로 네모지게 썬다.

2. 할라피뇨는 다지고 블랙올리브는 슬라이스, 황파프리카, 양파는 토마토와 같은 크기로 썬다. 양파는 소금물에 담가 매운 맛을 빼 준다.

3. 다진 할라피뇨에 분량대로 혼합한 살사 소스를 섞어 준다.

4. 새우는 내장을 제거한 후 살짝 데쳐서 껍질을 제거해 둔다.

5. 살사소스에 준비한 재료를 살짝 버무려 로스팅한 바게트빵 위에 올리고 어린잎 채소와 새우를 올려 준다.

지급 재료

- 바게트 ················· 3조각
- 토마토 ················· 1/2개
- 황 파프리카 ············ 1/4개
- 양파 ··················· 1/4개
- 블랙 올리브(슬라이스) ··· 적당량
- 새우(40미) ············· 3마리
- 어린잎 채소 ············· 5g

〈살사소스〉
- 레몬즙/올리브 오일 ····· 1T/3T
- 설탕 ··················· 1T
- 핫소스 ················· 2t
- 소금, 후추 ············· 약간
- 할라피뇨 ··············· 적당량

Point
- 할라피뇨는 굵게 다진다.
- 블랙올리브는 슬라이스, 황파프리카, 양파는 토마토와 같은 크기로 하되, 너무 크지 않아야 보기 좋다.

브런치 마스터

Chapter 4. 양식 샐러드 조리

1. 샐러드의 분류

(1) 순수 샐러드(Simple Salad)
고전적인 순수 샐러드는 한 가지 채소로만 이루어진 샐러드를 칭하였으나, 현대의 순수 샐러드는 한 종류의 식자재보다 여러 가지 채소를 골고루 배합하여 영양, 맛, 색상 등이 서로 조화를 이루어지게 만든 샐러드를 칭한다. 드레싱은 가미되거나 곁들여진다. 주로 잎채소를 생으로 사용하며, 재료를 단순하게 구성하여 만들고 곁들임 요리 또는 세트 메뉴에 코스용 샐러드로 제공된다.

(2) 혼합 샐러드(Compound Salad)
각종 식재료, 향신료, 소금, 후추 등을 혼합하여 양념, 조미료 등을 넣지 않고 그대로 제공할 수 있는 완전한 상태로 만들어진 것을 말한다. 2~3가지 이상 재료를 사용하여 만들며, 생으로 또는 익혀서 만들고 애피타이저나 뷔페에서 제공된다.

(3) 더운 샐러드(Warm Salad)
프랑스 말로 살라드 티에드(salades tiedes)라고 일컫는 더운 샐러드는 중간 불 또는 낮은 불에서 드레싱을 데워 샐러드 재료와 버무려 만드는 샐러드이다.

(4) 그린 샐러드(Green Salad)
흔히 부르는 'Garden Salad'가 여기에 속하며, 기본적으로 그린 샐러드는 한 가지 또는 그 여러 가지의 샐러드를 드레싱과 곁들이는 형태로 제공된다.

2. 샐러드용 채소 손질

(1) 채소 세척(Cleaning)
야채에 묻어 있는 흙이나 부유물을 물로 깔끔히 씻어내며, 흐르는 물에 헹궈내는 게 더 효과적이다. 여러 번 헹궈낸 후 3~5℃ 정도의 차가운 물에 30분 정도 담가 놓는다. 일반적인 잎채소는 차가운 물에 담가도 상관없지만, 어린잎 같이 여린 채소들은 잎이 상할 수 있으므로 차가운 물보다는 상온의 물에 오랫동안 담가서 사용한다. 잎이 거센 종류는 물줄기가 센 경우에도 견딜 수 있을지 모르겠지만, 부드러운 잎을 가진 야채나 허브, 꽃 등은 묻은 흙을 떨어내기 위해 조심스레 물에 담갔다가 꺼내는 동작을 반복해야 한다. 세척에 필요한 물은 육안으로 흙이나 부유물이 없을 정도로 깨끗함을 유지하도록 자주 갈아준다.

(2) 채소 정선(Cutting)
샐러드의 용도에 따라 칼로 자르거나 손으로 뜯어 정선해준다.
전통적인 방법은 채소의 갈변으로 인하여 손으로 뜯어서 정선했지만, 요즘 칼은 고탄소 스테인리스를 사용하기 때문에 채소의 갈변이 생기지 않는다. 근래에 와서는 정선을 최소화하여 채소가 가진 모양을 그대로 살려서 사용하는 경우도 있다.
가능한 한입에 먹기 좋게 정선해주며, 겉잎보다는 속잎을 사용하고 줄기보다는 잎 쪽을 사용한다.

(3) 채소의 수분 제거(Dry)

채소가 충분히 살아났으면 채소를 건져내어 스피너를 이용해서 수분을 제거시킨다. 샐러드 드레싱은 잘 마른 야채에 가장 잘 섞인다. 또한 저장하기 전에 수분을 제거한 채소는 오래 저장할 수 있다.

(4) 채소를 용기에 보관하기(Store)

채소를 보관할 때는 넓은 통에 젖은 행주를 깔고 채소를 넣은 후 다시 젖은 행주를 덮어 보관한다. 채소가 과다하게 들어갈 경우 무게를 이기지 못하고 속에 있는 채소가 접히거나 상하는 경우가 있으므로 과다하게 보관하지 말아야 한다. 채소를 통에 넣을 때는 채소가 통의 2/3만 차도록 해야 채소를 싱싱하게 보관 할 수 있다. 통 크기에 맞혀서 채소를 가득 담게 되면 냉장고에서 채소가 숨을 쉬면서 부피가 커지게 되는데, 이때 공간이 없이 채소로 가득 차 있게 되면 채소끼리 눌리다가 가운데 부분이 숨을 쉬지 못하고 죽게 되는 경우가 있다. 많은 채소를 보관 할 때에는 통을 여러 개로 분산해서 보관하는 것이 좋다.

3. 샐러드의 기본 재료군

(1) 육류(Meat)

가장 많이 사용하는 재료군 으로 쇠고기, 돼지고기, 양고기 등이 있으며 햄이나 베이컨 같은 육가공품도 많이 사용된다. 쇠고기는 주로 부드러운 안심이나 등심을 많이 사용하며, 최근 들어 차돌박이나 특수 부위들도 샐러드 재료로 많이 사용한다.
돼지고기는 지방과 살이 적절히 들어간 삼겹살을 가장 많이 사용하며, 양고기는 등심 또는 갈빗살이 샐러드의 재료로 많이 사용되고 있다.

(2) 해산물류(Seafood)

각종 생선류, 어패류, 갑각류, 연체류 등이 여기에 속하며, 샐러드 재료군 중 에서는 다른 식자재들보다 다양하게 쓰이고 있다.

(3) 채소류(Vegetable)

(가) 엽채류

각종 상추류(엽상추, 로메인 상추), 시금치, 파슬리, 각종 배추류 등 식물의 잎을 식용으로 사용하는 채소로, 수분 함량이 많고 비타민, 무기질이 풍부한 공급원이다.
샐러드에 있어 가장 기본이 되는 채소류이다.

(나) 근채류

땅속에서 자라는 식물의 뿌리를 이용하는 채소로, 일반적으로 잠재 에너지를 뿌리에 많이 저장하고 있다. 셀러리 뿌리, 무, 양파, 생강, 야콘, 당근, 우엉, 사탕무, 연근, 고구마 등이 대표적이다.

(다) 과채류

식물학적으로는 과일로 분류되지만, 실제로 채소로 알고 있는 것으로 오이, 가지, 호박, 토마토, 고추, 오크라, 피망 등이 여기에 속한다.

(라) 종실류

씨 부분을 채소로 이용하는 것으로 완두콩과 같은 두류와 곡류가 대표적이다.

(마) 화채류

각종 채소의 꽃을 식용으로 사용하는 것으로, 오이꽃, 호박꽃, 유채꽃, 장미꽃 등이 많이 쓰인다. 채소 중에는 브로콜리와 콜리플라워(꽃양배추)가 대표적이다.

(바) 새싹(Sprout) 및 새순류(Baby-leaves)

일반 채소에 비해 영양성분이 6~7배로 뛰어난 새싹은 자란 지 얼마 안 된 식물의 싹(sprout)을 말한다. 새순(baby leaves)은 싹에서 조금 더 자란 형태로 외관상으로 봤을 때는 다 자란 잎과 흡사한 모양을 가진다.

(사) 허브류

푸른 풀을 의미하는 라틴어의 'Herba'에서 유래된 말로, 잎이나 줄기가 식용과 약용으로 쓰이거나 향과 향미로 이용될 수 모든 식물들을 칭한다.
자주 쓰이는 허브로는 바질, 타임, 처빌, 실란트로, 차이브, 딜, 애플민트, 로즈메리, 파슬리 등이 있다.

(4) 가금류(Poultry)

다이어트 음식의 대명사가 된 닭 가슴살과 닭다리살이 많이 쓰이며, 오리 가슴살의 경우 생보다는 훈제 가슴살을 많이 사용한다. 닭고기의 경우 다양한 조리법을 이용하여 수많은 샐러드로 활용되고 있다.

4. 드레싱의 개요

드레싱(Dressing)이란 샐러드의 맛을 좀 더 향상시키고 소화를 돕기 위한 액체 형태의 재료를 말하며, 육류나 생선에 뿌려질 수 있는 소스를 의미한다. 드레싱은 신맛을 가지고 있어야 하고 반드시 샐러드와 풍미의 조화와 맛이 잘 이루어져야 한다.
드레싱이라고 하는 것은 여자의 옷이 부드럽게 입혀지는 것처럼 채소에 옷을 입힌다는 뜻이다. 소스의 일종인 드레싱은 재료를 끓이지 않고 혼합하여 만드는 것이므로 냉소스의 일종이다.

1) 드레싱의 종류

드레싱은 크게 차가운 유화 소스류, 유제품 기초 소스류, 살사 & 쿨리 & 퓨레 소스류 등 크게 3종류로 나뉜다.

(1) 차가운 유화 소스류

(가) 비네그레트(Vinaigrettes)

기름과 식초를 주재료로 한 드레싱으로 기름, 식초, 소금, 후추를 넣고 빠르게 섞어주면 일시적으로 섞이면서 유화되는 드레싱이다. 가장 기본적인 비율은 오일과 식초를 3:1로 만드는 것이고 식초의 종류에 따라 레드와인 비네그레트, 발사믹 비네그레트, 셰리와인 비네그레트 등 그 명칭이 달라진다.
이 드레싱은 채소 샐러드에 매우 잘 어울리는데 다른 음식에도 이용될 수 있고 불에 구울 음식을 미리 마리네이드(밑간) 하는 용액으로도 사용된다. 일시적으로 유화되기 때문에 사용할 때마다 잘 섞어서 사용해야 제대로 된 비네그레트의 맛을 느낄 수 있다.

(나) 마요네즈(Mayonnaise)

마요네즈란 난황에 오일, 머스터드, 소금, 식초, 설탕을 넣고 잘 섞어서 유화작용에 의해 분리되지 않게 만든 차가운 드레싱을 말한다. 마요네즈 계열 드레싱은 비네그레트와 달리

한번 만들어지면 형태가 파괴되지 않는 특징이 있으며, 그 특성상 부드러운 질감과 걸쭉한 농도가 잘 나오기 때문에 샐러드드레싱으로 많이 사용되고 있다. 대표적인 드레싱으로는 사우전 아일랜드 드레싱과 아이올리 등이 있으며, 다양한 부재료의 첨가에 따라 다양한 마요네즈의 제조가 가능하다.

(2) 유제품 기초 소스류

유제품 기초 소스류는 샐러드드레싱 혹은 디핑 소스(Dipping sauce)로 사용된다. 드레싱의 주재료가 우유나 생크림, 사워크림, 치즈 등의 유제품으로 만들며 신맛보다는 크림이나 치즈의 맛을 많이 느낄 수 있게 만들어 준다. 바질이나 딜 같은 허브류를 다져서 크림치즈와 우유를 섞어서 만드는 허브 크림 드레싱이 대표적인 예이다. 이러한 류의 드레싱은 일반적으로 희거나 약간은 아이보리색을 띠어서 허브, 과일 혹은 야채의 쿨리나 퓌레의 색을 그대로 입힐 수 있다. 크림치즈에 약간의 레몬즙과 마요네즈를 섞어주면 크림치즈 디핑소스가 만들어진다.

(3) 살사 & 쿨리 & 퓌레 소스류(Salsa & Coulie & Puree)

(가) 살사류(Salsa)

살사류는 일반적으로 익혀지지 않은 과일 혹은 야채로 만들어진다. 이 소스들은 예민한 향미를 첨가하기 위해서 종종 감귤류의 주스, 식초, 혹은 포도주와 같은 산을 넣어준다. 살사는 신선한 재료로 만든 멕시칸 토마토 살사와 익혀진 재료로 만드는 처트니, 렐리시, 콤포트 등으로 나뉜다. 이러한 소스들의 차이는 만드는 방법보다는 어느 나라의 음식이냐 혹은 유래에 좀 더 밀접한 관련이 있다.

(나) 쿨리와 퓌레(Coulie & Puree)

쿨리는 소스와 같은 농도에 날것이나 요리된 과일이나 채소로, 달콤한 형태의 맛과 모양으로 만들어진다.

퓌레(Puree)라는 용어는 쿨리와 함께 자주 사용하는데, 사전적 의미는 과일이나 채소가 블렌더나 프로세서에 의해 갈아진 형태로, 다시 걸러진 부드러운 질감의 액체 형태 음식을 말한다.

5. 드레싱의 기본 재료

(1) 오일(Oil)

드레싱에 사용하는 오일은 샐러드 주재료와 궁합이 맞는 재료를 사용해야 한다. 그 종류로는 올리브오일, 옥수수기름, 카놀라유, 포도씨유, 호두기름, 땅콩기름, 면실유, 헤이즐넛 오일, 바질 오일, 아몬드 오일, 코코넛 오일, 아르간 오일, 아보카도 오일 등이 있다.

드레싱에 주로 사용하는 오일은 올리브오일인데, 산도가 가장 좋은 엑스트라 버진 올리브오일이 가장 많이 쓰인다.

(2) 식초(Vinegar)

식초의 맛에 따라 드레싱의 맛이 결정된다 해도 과언이 아닐 정도로 드레싱에 있어 식초의 역할은 매우 중요하다. 그 종류로는 사이다 식초, 발사믹 식초, 와인 식초, 셰리 식초, 레몬 식초, 현미 식초, 라즈베리 식초 등이 있다.

(3) 달걀노른자(Egg Yolk)
　　마요네즈나 다른 드레싱의 유화제로 매우 중요하다. 반드시 신선한 달걀을 사용해야 한다. 신선하지 않은 달걀을 사용하면 유화가 되지 않고 풀려버리는 '유분리' 현상이 생길 수 있다.

(4) 소금(Salt)
　　드레싱에 있어 소금은 가장 중요한 재료로, 천일염을 사용한다. MSG가 첨가된 소금은 드레싱의 맛에 영향을 줄 수 있으므로 순수한 소금만을 사용한다.

(5) 후추(Pepper)
　　후추는 매운맛을 내는 대표적인 향신료이기도 하지만, 모든 음식에 빠져서는 안 되는 중요한 재료이다. 후추 향은 비린내를 잡는 효과가 있어서 드레싱에 들어갈 경우 오일이나 달걀의 비린 맛을 잡아줄 수 있다.

(6) 설탕(Sugar)
　　단맛을 내는 재료로는 단연 최고이지만, 근래에 와서 당을 적게 먹는 추세가 되면서 설탕보다는 올리고당, 꿀, 포도당, 메이플시럽 등이 대체 재료로 사용되고 있다.

(7) 레몬(Lemon)
　　보통은 식초로 신맛을 내지만, 드레싱이 완성되면 마지막으로 생레몬의 즙을 짜서 넣어준다. 레몬 향이 드레싱 전체를 감싸면서 더 상큼한 드레싱이 완성된다.

6. 드레싱 사용 목적

(1) 차가운 온도의 드레싱으로 샐러드의 맛을 한층 더 증가시켜 준다.
(2) 맛이 강한 샐러드를 더욱 부드럽게 해준다.
(3) 맛이 순한 샐러드에는 향과 풍미를 충분하게 제공한다.
(4) 음식을 섭취할 때 입에서 즐기는 질감을 높일 수 있다.
(5) 신맛의 드레싱으로 소화를 촉진시켜 준다.
(6) 상큼한 맛으로 식욕을 촉진시킨다.

Chapter 4. 양식 샐러드 조리

베이컨을 곁들인
시금치 샐러드와 비네그레트
Spinach, Bacon Salad with Vinaigrette

시금치의 달콤함과 수분이 짭짤한 베이컨과 향긋한 양파가 조화롭게 어울리는 샐러드이며, 견과류나 크랜베리, 방울토마토를 올려도 좋다.

만드는 법

1. 베이컨을 다이스로 잘라 팬에 갈색이 나도록 볶아 기름기를 제거하여 바삭하게 보관한다.
2. 시금치를 손질해서 찬 물에 담가 물기를 제거한다.
3. 달걀은 완숙으로 삶고 양송이버섯과 적양파는 슬라이스 한다.
4. 식빵을 스몰 다이스로 잘라 버터에 구워 크로통을 만든다.
5. 샬롯과 마늘을 곱게 다져 식초를 넣고 식용유를 넣고 휘저어 유화시킨 다음 소금과 후추로 간을 맞춘다.
6. 시금치를 비네그레드 드레싱에 잘 버무려 접시에 놓고 달걀, 버섯, 양파, 베이컨, 크루통을 모양있게 잘 장식하여 완성한다.

지급 재료

- 베이컨 ············· 1장
- 샬롯 ·············· 10g
- 마늘 ·············· 1g
- 식용유 ············ 30ml
- 시금치 ············ 50g
- 식초 ·············· 10g
- 달걀 ·············· 1개
- 양송이 버섯 ········ 30g
- 적 양파 ············ 10g
- 식빵 ·············· 1개
- 버터 ·············· 10g
- 소금, 후추 ········· 약간

Point

- 서양에서는 시금치를 샐러드로 많이 먹는데, 샐러드용으로는 작고 여린 잎을 사용하는 것이 좋다.
- 시금치에는 옥살산(수산)이 함유되어 있어 다량 섭취하거나 익혀 먹지 않으면 결석의 원인이 될 수 있다고 알려졌으나 이는 매일 1kg 이상씩 먹었을 때의 경우이므로 크게 걱정할 필요는 없다.
- 시금치는 센불에 살짝만 익혀서 조리해도 된다.

브런치 마스터 67

Chapter 4. 양식 샐러드 조리

오일 비네그렛 드레싱을 곁들인
포치드 에그 샐러드
Poached egg salad with oil vinaigrette dressing

만드는 법

1. 신선한 야채는 물에 담궈 놓는다.
2. 바게트는 버터를 바르고 팬에 구어 준비한다.
3. 끓는 물에 계란을 넣어 수란을 준비한다.
4. 구운 바게트에 수란과 홀렌다이즈 소스를 올리고 살라만더 오븐에 넣어 색을 낸다.
5. 야채는 물기를 제거하여 접시에 담고 4를 올려 완성한다.

지급 재료

- 바게트빵 ………………………… 30g
- 버터 ……………………………… 10g
- 계란 ……………………………… 1개
- 홍피망 …………………………… 20g
- 적 양파 …………………………… 40g
- 양상추 …………………………… 50g
- 그린 비타민 ……………………… 20g
- 아라굴라(루콜라) ………………… 20g
- 그린 치커리 ……………………… 20g
- 체리 토마토 ……………………… 20g
- 미니 아스파라거스 ……………… 20g
- 믹스 베지터블 …………………… 20g

〈오일 비네그렛 드레싱〉
- 홍 피망 ………………………… 5g
- 적 양파 ………………………… 5g
- 올리브 오일 …………………… 25ml
- 레드와인 식초 ………………… 10ml
- 소금, 후추 ……………………… 약간

〈홀렌다이즈 소스〉
- 105 페이지 참조

Point

- 샐러드의 의미는 여러 가지 종류의 야채와 과실, 생선, 육류, 조류 등을 주재료로 하여 여러 가지 특성의 드레싱(Dressing)과 함께 제공되기도 한다.
- 채소는 수용성 비타민이 많기 때문에 손실을 줄이기 위해 세척 시 짧은 시간에 물에서 건져 내는 것이 좋다.

Chapter 4. 양식 샐러드 조리

구운 버섯 샐러드
Roasted Mushroom Salad

다양한 종류의 버섯과 가지를 구워서 야채류와 어울리게 비네그레이트 드레싱을 끼얹은 샐러드

만드는 법

1. 버섯은 먼지를 털어낸 후 먹기 좋은 크기로 썰어 놓는다.

2. 양상추는 한입 크기로 잘라 어린잎채소와 함께 찬물에 담가둔다.

3. 손질한 버섯과 가지는 마른 팬에 노릇하게 구워 놓는다.

4. 손질한 야채와 버섯을 잘 섞어 담은 후 분량의 재료를 넣어 혼합한 드레싱을 끼얹어 준다.

지급 재료

- 새송이 버섯 ·········· 1개
- 느타리 버섯 ·········· 50g
- 양상추 ·········· 30g
- 어린잎 채소 ·········· 5g
- 방울토마토 ·········· 2개
- 가지 ·········· 1/3개

〈비네그레트 드레싱〉
- 레몬즙(식초) ·········· 1T
- 올리브 오일 ·········· 3T
- 다진 양파 ·········· 1T
- 소금, 흰 후추, 설탕 ·········· 약간씩

Point
- 버섯과 가지를 석쇠에 굽거나 쇠 젓가락을 이용하여 색깔을 내주면 보기 좋다.

Chapter 4. 양식 샐러드 조리

리코타 치즈 그린 샐러드
Ricotta cheese green salad

Ricotta cheese : 이태리어로 " 두 번 데웠다"라는 뜻으로 유청을 원료로 하여 만든 이탈리아 치즈

 만드는 법

〈리코타 치즈〉

1. 우유와 생크림을 혼합하여 중약불에 끓인다.

2. 끓어 오르면 레몬즙과 소금을 넣어 한번만 휘저어 약불에서 덩어리져 떠오를 때까지 끓여 준다.

3. 체 위에 면보를 깔고 걸러준다.

4. 면보로 감싼 뒤 냉장고에서 굳혀 준다.

〈샐러드〉

1. 야채를 씻어 찬물에 담가 싱싱하게 만들어 놓는다.

2. 싱싱해진 야채는 물기를 닦아 먹기 좋은 크기로 잘라 놓는다.

3. 접시에 손질한 야채를 보기 좋게 담은 후 리코타 치즈를 올려준다.

4. 기호에 맞는 드레싱과 구운 빵을 곁들여도 좋다.

 **지급 재료**

〈샐러드〉
- 양상추 ·································· 30g
- 방울토마토 ···························· 2개
- 치커리 ·································· 3장
- 적겨자 잎 ······························ 1장

〈리코타 치즈〉
- 우유 ································· 400ml
- 생크림 ······························ 200ml
- 레몬즙(또는 식초) ····················· 1T
- 소금 ···································· 약간

Point
- 크림치즈 만들기

  완성한 리코타 치즈를 부드럽게 굳혀 준 상태에서 소금과 설탕으로 적절히 간하여 혼합해 준다.

Chapter 4. 양식 샐러드 조리

케이준 치킨 샐러드
k-Jun Chicken Salad

부드럽고 바삭하게 튀긴 치킨 커틀렛에 달콤한 허니 머스터드 소스의 어울림이 좋은 샐러드

만드는 법

1. 닭 가슴살을 얇게 저며 소금, 후추로 밑간을 해 놓는다.
2. 양상추와 치커리는 한입 크기로 자르고, 오이는 얇게 슬라이스해 둔다.
3. 방울토마토는 적당한 크기로 잘라 둔다.
4. 분량의 재료를 섞어 허니 머스터드 드레싱을 만들어 둔다.
5. 양념한 닭 가슴살에 밀가루-달걀물-빵가루를 순서대로 입혀 노릇노릇하게 튀긴다.
6. 튀긴 닭은 먹기 좋은 크기로 잘라 준다.
7. 채소와 방울토마토를 접시에 보기 좋게 담은 후 튀긴 닭을 올리고, 드레싱을 뿌려 마무리한다.

지급 재료

- 닭 가슴살 ·················· 100g
- 양상추 ······················· 20g
- 치커리 ························ 2줄
- 오이 ·························· 1/4개
- 방울토마토 ···················· 2개
- 달걀물 ························ 약간
- 밀가루, 빵가루 ············· 적당량

〈허니 머스터드 드레싱〉
- 허니 머스터드 ················ 3T
- 레몬즙 ························· 1T
- 홀그레인 머스터드 ············ 1t

Point
- 닭 가슴살 튀김이 보기 좋게 튀겨져야 한다.

브런치 마스터

Chapter 4. 양식 샐러드 조리
오리엔탈 그린 샐러드
Vinaigrette Oriental green salad

Vinaigrette Oriental / Oriental Dressing : 간장 과 참깨 핫소스나 홍고추를 이용한 퓨전 소스

만드는 법

1. 채소는 씻어 찬물에 담가 놓는다.
2. 오리엔탈 드레싱에 사용할 홍고추, 마늘을 다져 놓는다.
3. 오리엔탈 드레싱 재료를 분량대로 넣고 잘 섞어 놓는다.
4. 찬물에 담가놓은 채소는 물기를 제거한 후 한입 크기로 잘라 섞어 놓는다.
5. 접시에 손질한 야채를 보기 좋게 담은 후 준비한 오리엔탈 드레싱을 뿌려 준다.

지급 재료

- 양상추 ·················· 30g
- 로메인 ·················· 2장
- 치커리 ·················· 3장
- 어린잎 채소 ·············· 5g
- 마늘 ···················· 1개
- 홍고추 ················· 1/2개

〈오리엔탈 드레싱〉
- 간장 ···················· 2T
- 설탕 ···················· 1T
- 식초 ···················· 1T
- 마늘, 홍고추 다진 것 ········ 1T
- 올리브유 ················· 2T

Point
- 기호에 따라 홍고추나 핫소스를 추가해도 좋다.
- 닭 가슴살을 곁들여도 잘 어울린다.
- 드레싱에 치킨 스톡으로 맛을 내기도 하며, 버섯류 나 크루통, 닭 가슴살을 넣으면 색다른 요리가 된다.

Chapter 4. 양식 샐러드 조리

매콤 쌀국수 샐러드
Spicy Rice Nuddle Salad

매콤한 쌀국수를 맵게 양념하여 오징어, 새우, 채소류와 어울리게 혼합한 퓨전식 샐러드

만드는 법

1. 양파는 곱게 다져 소금물에 담가 두고 셀러리도 곱게 다져 둔다. 오이는 먹기 좋은 크기로 잘라 놓는다.

2. 양상추와 치커리도 깨끗이 세척 후 먹기 좋은 크기로 잘라 놓는다.

3. 오징어는 껍질 제거 후 링모양으로 썰어두고, 새우는 내장과 껍질을 제거한 후 오징어와 함께 데친다.

4. 물기 제거한 양파, 셀러리와 분량의 드레싱 재료를 혼합하여 칠리 드레싱을 만든다.

5. 버미셀리(쌀국수)는 찬물에 불린 후 끓는 물에 30초 정도 삶아 찬물에 헹궈 놓는다.

6. 칠리 드레싱을 기호에 따라 (3T 정도) 면에 버무려준다.

7. 접시에 준비한 재료를 보기 좋게 담은 후 남은 드레싱을 곁들여 준다.

지급 재료

- 버미셀리 불린 것 ········· 60g
- 양파 ········· 15g
- 셀러리 ········· 20g
- 오이 ········· 1/4개
- 양상추 ········· 20g
- 치커리 ········· 2장
- 오징어 ········· 1/3마리
- 새우 (30미) ········· 3마리

〈칠리 드레싱〉
- 스리라차 소스 ········· 2T
- 레몬즙 ········· 1T
- 설탕 ········· 1/2t
- 마늘 다진 것 ········· 약간
- 소금 ········· 약간

Point
- 채소류는 싱싱하게 냉수에 담그어 둔다.
- 쌀국수는 퍼지지 않게 미리 손질해 두지 말고, 모든 재료를 준비해 가면서 삶는다.

브런치 마스터

Chapter 4. 양식 샐러드 조리

흑임자 드레싱 연근 샐러드
Black Sesame Dressing Lotus root Salad

흑임자가루에 마요네즈, 식초, 올리브 오일, 설탕, 소금으로 혼합한 소스로 연근과 잘 어울리는 퓨전식 샐러드

만드는 법

1. 슬라이스 연근을 한 번 더 얇게 저며 깨끗이 씻은 후 식초물에 살짝 데친다.
2. 새싹채소와 양상추는 씻어 찬물에 담가두고, 방울토마토는 보기 좋게 썰어 둔다.
3. 연근은 찬물에 헹궈 물기를 닦아 놓는다.
4. 달걀은 둥굴려 가면서 삶아서 에그 커터기로 잘라 둔다.
5. 분량대로 혼합한 흑임자 드레싱에 연근을 버무려 둔다.
6. 준비한 재료들을 보기 좋게 담아 낸다.

지급 재료

- 슬라이스 연근 ·········· 50g
- 어린잎 채소 ··········· 5g
- 방울토마토 ··········· 1개
- 양상추 ············· 20g
- 달걀 ·············· 1개
- 소금 ············· 약간

〈흑임자 드레싱〉
- 흑임자 가루 ·········· 2T
- 마요네즈 ············ 2T
- 식초 ·············· 1T
- 올리브 오일 ··········· 1T
- 설탕/소금 ·········· 2t/약간

Point
- 연근 껍질을 제거하고 나면 갈변하기 쉬우므로 식초물에 담그어 두거나 식초물에 살짝 데쳐 둔다.
- 달걀 삶을 때 노른자가 가운데 오도록 굴려 가면서 삶는다.

Chapter 5. 양식 파스타 조리

1. 파스타의 종류

(1) 건조 파스타
건조 파스타는 경질 소맥인 듀럼 밀을 거칠게 제분한 세몰리나를 주로 이용하고, 면의 형태를 만든 후 건조시켜 사용한다. 때에 따라 세몰리나와 밀가루를 섞어서 사용하기도 한다. 짧은 파스타와 긴 파스타로 나뉘며, 긴 파스타는 우리의 국수와 비슷한 역할을 한다. 짧은 파스타는 여러 가지 다양한 모양을 만들 수 있으며, 다양한 요리에 응용된다.

(2) 생면 파스타
생면 파스타를 세몰리나에 밀가루를 섞어 사용하거나, 밀가루만을 사용해 만드는 것이 일반적이다. 생면 파스타는 신선하고 부드러운 식감을 가지고 있으며, 다른 재료의 혼합에 따라 다양한 색을 표현할 수 있으며, 영양 측면을 고려할 수 있는 생면 파스타의 사용이 대중화되고 있다. 일반적으로 강력분과 달걀을 이용해 만들어진다. 노른자는 파스타의 색상과 맛을 풍부하게 하고 반죽의 질감을 좋게 한다. 흰자의 역할은 반죽을 단단하게 뭉치게 한다.

2. 파스타 삶기

1) 파스타에 따른 소스 선택법
① 파스타는 다양한 모양과 형태를 가지고 있으며, 파스타 각각의 특징에 따라 어울리는 소스를 선택하는 것이 중요하다.
② 파스타는 다양한 조리법을 가지고 있다. 샐러드를 만들기도 하고 오븐을 이용한 파스타도 있다.
③ 파스타를 위한 다양한 소스는 파스타가 가지고 있는 여러 가지 풍미를 살려주고 파스타의 질을 높이는 데 도움을 준다.
④ 파스타 요리는 이탈리아의 대표적인 요리로, 파스타를 삶는 정도와 소스의 선택이 파스타의 수준과 완벽함을 결정한다.
⑤ 파스타는 만드는 사람에 따라 개성을 가질 수 있으며, 소스의 선택과 만드는 방법에 따라 다양함을 추구할 수 있다.
⑥ 파스타에 쓰이는 부재료들은 소스를 통해 파스타의 맛과 향을 보충해 준다.
⑦ 파스타 면을 삶은 물은 파스타에 수분을 주는 역할을 하고 적당한 질감과 색을 유지 하도록 도움을 준다.
⑧ 파스타 요리에 있어서 부재료로 쓰이는 올리브유, 소금, 토마토, 치즈 등은 소스의 특징을 살리는 데 중요한 역할을 한다.
⑨ 조화롭고 완벽한 피스타는 소스의 선택과 소스에 어울리는 부재료의 선택이 파스타의 품질을 결정짓는다.
⑩ 파스타의 길이와 모양은 특정한 소스를 사용하여 개성을 추구할 수 있다.
⑪ 길이가 짧은 파스타는 소스와의 조화가 강조되는 추세이다.
⑫ 파스타 소스는 전통을 추구하기도 하고 현대적인 감각으로 재해석되기도 한다.
⑬ 파스타 요리는 세계화가 이루어진 음식으로, 전 세계인이 관심을 가지고 있는 인기 음식이다.

2) 소를 채운 파스타
(1) 소를 채운 파스타는 다양한 형태를 가지고 있으며, 쓰이는 재료 또한 다양하다.
(2) 소를 채운 파스타의 소는 소스와의 어울림을 강조한다.
(3) 이탈리아는 지역적인 특성이 강하여 지역마다 다양한 재료를 사용한다.
(4) 파스타 소의 일반적인 재료는 치즈와 채소이다.
(5) 소를 채운 파스타의 대표적인 형태는, 우리가 흔히 볼 수 있는 만두 형태와 라자냐(Lasagna) 처럼 면과 소를 층층이 쌓아올린 형태 등 두 가지가 주를 이룬다.
(6) 만두 형태의 파스타는 수프의 고명으로 쓰이기도 한다.
(7) 라자냐 같은 형태의 파스타는 소스에 버무리기 어려워 주로 오븐을 사용한다.
(8) 열린 형태의 소를 채운 파스타는 우선 편을 삶아 펴고 위에 소와 면을 층층이 쌓아 올린 형태 이다.
(9) 면을 펼치고 소를 올려 동그랗게 말아 오븐에 구운 후 잘라 소스를 곁들이는 형태이다.

3. 파스타의 형태와 소스와의 조화

(1) 길고 가는 파스타
가벼운 토마토 소스나 올리브유를 이용한 소스가 잘 어울린다.
올리브유는 정당한 수분에 유화 되면서 독특한 풍미를 준다.

(2) 길고 넓적한 파스타
파르미지아노 레지아노 치즈, 프로슈토, 버터 등과 잘 어울린다.
파스타 면의 표면적이 넓어서 파스타 면에 잘 달라붙는
진한 소스가 어울린다.

(3) 짧은 파스타
짧은 파스타의 경우 가벼운 소스와 진한 소스 모두 어울린다.
짧은 파스타의 경우 우리나라보다 이탈리아에서 더 선호하는 경향이 있다.

(4) 짧고 작은 파스타
짧고 작은 파스타는 수프의 고명으로 많이 사용되며,
샐러드의 재료로도 많이 이용된다.

4. 파스타에 필요한 기본 부재료

1) 올리브 오일
(1) 올리브 오일은 파스타에 있어서 중요한 부분을 차지하고 있다.
(2) 올리브 오일에 허브와 스파이스를 첨가하여 사용하기도 한다.
(3) 올리브 오일은 열전도가 느리기 때문에 저온에서 장시간 요리 할 수 있는 요리에 적합하다.
(4) 올리브 오일의 지방산 구조는 고온에서도 매우 안정성을 유지하기 때문에 튀김이나 스튜, 소스 등의 뜨거운 요리에 적합하다.
(5) 드레싱과 소스를 만드는 데 사용한다.
(6) 빵을 찍어 먹거나 음식의 촉촉함을 유지한다.
(7) 버터와 올리브 오일을 혼합하여 생선을 구울 때나 차가운 요리에 이용하여 풍부한 맛을 낸다.
(8) 파스타에는 담백한 향미와 농도감을 위해 반드시 엑스트라 버진 올리브 오일을 사용한다.

2) 후추
(1) 후추는 파스타뿐만 아니라 이탈리아 요리에서 제외 될 수 없는 중요한 재료이다.
(2) 고기요리나 생선요리에서 냄새나 비린 맛을 제거하는 효과가 있다.
(3) 음식의 변질을 막는 항균작용을 한다.
(4) 매운맛을 내는 피페린 성분이 음식의 대사작용을 촉진시켜 준다.
(5) 통후추를 직접 후추 가는 도구를 이용해 신선한 맛을 느낄 수 있다.
(6) 적절하게 사용하면 소금의 줄일 수 있다.
(7) 검은색의 후추와 흰색, 푸른 후추, 핑크색 후추 등 쓰임에 따라 다양하다.

3) 소금
(1) 가장 기본적인 양념으로 음식을 염장하여 보존 하거나 맛을 향상 시키는데 위해 사용된다.
(2) 천일염인 굵은 소금은 염장 또는 파스타 삶은 물의 염도를 내는데 사용한다.
(3) 가는소금은 요리의 간을 하는데 표준이 되고 조리시 표준 레시피를 만드는데 도움이 된다.
(4) 소금의 삼투압, 갈변방지, 단백질 응고 촉진, 발효조정 등의 효과 음식을 만드는데 있어서 여러 가지 중요한 역할을 수행한다.
(5) 향초와 여러 가지 식재료, 꽃등을 넣어 음식의 풍미를 살리고 먹는 즐거움을 주는 가공 소금도 있다.

4) 토마토
(1) 토마토는 파스타 요리에 있어서 빠질 수 없는 재료이며 이탈리아 요리를 대표하는 이미지가 되었다.
(2) 토마토가 파스타에 사용 된 것은 18세기경 이며 이탈리아 요리에 중요한 역할을 했다.
(3) 소금과 바질을 넣은 토마토 소스는 이탈리아 남부 지방부터 사용되기 시작 하였다.
(4) 파스타와 토마토가 만나면서 이탈리아 요리는 다양해 졌으며 식생활에도 커다란 변화가 일어 났다.
(5) 토마토는 항산화, 항암등 각종 질병예방에 탁월한 식품으로 알려져 있다.
(6) 최근 성인병 예방에 주목 받고 있는 지중해 식단의 중요한 식품이다.
(7) 이탈리아 나폴리 근처의 베수비오 산에서 재배되는 산마르치아노 토마토는 일반 토마토에 비해 감칠맛이 높아 파스타요리에 적합하다.
(8) 토마토는 소스 뿐만 아니라 자연건조 하거나 오븐에 말려 파스타, 샐러드, 피자 등에 사용한다.

Chapter 5. 양식 파스타 조리

해산물 국물 스파게티
Spicy Seafood Spaghetti

국물이 얼큰한 토마토 파스타이다.

만드는 법

1. 스파게티는 끓는 물에 7분 정도 삶아 올리브유에 버무린다.
2. 피홍합은 소금물에 해감한 뒤 깨끗이 세척해 둔다.
3. 양파는 굵게 다지고, 마늘과 페페론치노는 곱게 다져 둔다.
4. 새우는 내장만 제거하여 깨끗이 세척하고, 오징어는 링모양으로 잘라둔다.
5. 팬에 식용유를 소량 두르고 양파와 마늘 페페론치노를 볶다가 피홍합을 넣어 입이 벌어질 정도로 익힌다.
6. 5에 새우-오징어-와인-토마토 소스(토마토/홀 토마토)를 넣어 볶다가 치킨스톡과 물 2컵 정도를 넣어 끓인다.
7. 6이 끓으면 소금과 후추로 간하고 스파게티를 담아 놓은 그릇에 부어 파슬리 가루(또는 바질 잎)를 뿌려준다.

지급 재료

- 스파게티 ·················· 80g
- 새우(30미) ··············· 3마리
- 오징어 ····················· 1/4토막
- 피홍합 ····················· 5개 정도
- 양파 ························ 1/4개
- 마늘 ························ 2개
- 토마토 소스/홀 토마토 ········· 100ml
- 페페론치노 ················ 4개
- 치킨 스톡(가루) ············· 1t
- 소금/흰 후추 ··············· 소량
- 파슬리 가루 또는 바질잎 ······· 소량
- 화이트 와인 ················ 2T

Point
- 뚝배기 용기를 뜨겁게 달구어 담아 내면 얼큰한 맛이 어울린다.

Chapter 5. 양식 파스타 조리
새우와 알프레도 크림소스 스파게티
Spaghetti Shrimp Alfredo

알프레도 소스는 로마의 유명 셰프 알프레 도가 개발한 파스타 소스이다.
크림과 파르미지아노 레지아노 치즈를 함께 넣어 버터 맛이 풍부한 소스이다.

만드는 법

1. 끓는 물에 소금을 넣어서 스파게티면을 알덴테로 삶아준다.
2. 소스 팬에 버터를 넣고 녹인 뒤에 으깬 마늘을 넣어 향을 내고 새우를 넣고 볶아준다.
3. 생크림을 붓고 끓여주다가 삶아두었던 스파게티면을 소스 팬에 넣고 잘 버무려준다.
4. 스파게티를 접시에 담고 위에 파마산 치즈, 검은 통후추를 갈아서 올리고 바질로 장식하여 완성한다.

지급 재료

- 스파게티 ·················· 80g
- 탈각 새우 ·················· 30g
- 버터 ·················· 50g
- 생크림 ·················· 200ml
- 마늘 ·················· 5g
- 파마산 치즈 ·················· 20g
- 바질 ·················· 1잎
- 소금 ·················· 약간
- 검은 통후추 ·················· 2개

Point

- 페투치네, 딸리아딸레등 표면적이 넓어 소스가 충분히 묻어나는 파스타를 사용하면 좋다.
- 치즈는 강한 열을 받으면 안의 지방이 다 빠져나가고 건조하게 말라버린다. 이러면 치즈 특유의 부드러운 맛을 많이 잃어버리기 때문에 조리 마지막에 넣고 비벼준다.

브런치 마스터

Chapter 5. 양식 파스타 조리

스파게티 알리오 올리오
Spaghetti Aglio e Olio

이탈리아어로 'Aglio'는 마늘을 의미 하며, 'Olio'는 'Oil(오일)'을 의미한다.
'Garlic Spaghetti'라고도 한다.

만드는 법

1. 끓는 소금물에 파스타면과 소금을 넣어 8분 삶는다.

2. 마늘과 올리브는 편썬다.

3. 팬에 올리브유를 두르고 마늘을 볶는다. 이때 매콤한 맛을 보태고 싶다면 마른고추나 이탈리아 고추 페페론치노 2~3개를 넣어 볶는다.

4. 팬에 올리브유를 넉넉히 두르고 마늘을 향이 나게 약한불에서 볶는다.

5. 파스타 면이 익으면 물기를 빼고 마늘을 볶던 팬에 함께 넣어 볶는다.
(소스에 별다른 재료가 들어가지 않기 때문에 질 좋은 올리브유를 사용해야 제대로 된 맛을 낼 수 있다.)

지급 재료

- 파스타면 ····················· 80g
- 마늘 ···························· 5개
- 블랙 올리브 ·················· 5개
- 올리브유 ······················ 3T
- 소금 ···························· 약간
- 후추 ···························· 약간
- 파슬리(루꼴라) ············· 약간

Point
- 올리브와 마늘을 편으로 썰어 조화를 이루며 루꼴라와 함께 향기와 색깔이 어울린다.

Chapter 5. 양식 파스타 조리

베이컨 갈릭 오일 파스타
Bacon Garlic Oil Pasta

올리오(오일), 알리오(마늘) 파스타와 비슷하며 베이컨을 많이 넣은 파스타

만드는 법

1. 파스타는 끓는 물에 소금을 넣고 알덴테(7분 정도)로 삶아 낸다.
2. 마늘과 블랙올리브는 슬라이스 하고, 베이컨은 2cm 정도의 폭으로 썰어 둔다.
3. 통후추는 칼로 다져 놓는다.
4. 팬에 올리브유를 두르고 마늘을 넣어 노릇해질 때까지 볶다가 베이컨, 통후추, 블랙올리브, 월계수, 스파게티를 넣어 주고 소금으로 간을 맞춘다. (이때 면수를 좀 넣어 면을 좀 더 부드럽게 익혀도 좋다.)
5. 접시에 파스타를 말아서 올리고 파슬리 가루를 뿌린다.

지급 재료

- 스파게티 ·························· 80g
- 베이컨 ···························· 2줄
- 마늘 ······························ 3개
- 블랙 올리브(슬라이스) ············ 4개
- 월계수 ························· 1~2장
- 파슬리 가루 ······················· 5g
- 올리브 오일 ······················ 10g
- 소금 ····························· 약간
- 통후추 ···························· 5알

Point
- 알덴테(Al dente)란 건면이나 쌀 등을 씹는 맛이 날 정도로 살짝 덜 익은 상태를 일컫는 요리 용어이다.
- 반대로 충분히 익힌 상태는 벤코토(Ben cotto)라 한다.

Chapter 5. 양식 파스타 조리

화이트 봉골레 링귀네
White Vongole Linguine

봉골레(Vongole)는 이탈리아어로 '조개'를 의미하며, 조개국물을 나오게 하여 조개소스의 깔끔하고 담백한 맛을 살려낸 파스타이다. 링귀네(Linguine)는 '납작한 스파게티 면'을 말한다.

만드는 법

1. 끓는 물에 소금을 넣고 링귀네를 알덴테로 삶아준다.

2. 팬에 올리브 오일을 두르고 슬라이스한 마늘을 넣고 향을 내고 모시 조개를 넣고 화이트 와인을 넣고 뚜껑을 닫아 모시조개를 익혀준다.

3. 삶아 놓은 조개와 스톡을 분리해서 손질한다.

4. 올리브 오일에 마늘과 페페론치노를 넣고 볶다가 링귀네를 넣고 조개스톡을 넣어가며 버무린다.

5. ④에 손질해 둔 조갯살을 넣고 다진 파슬리와 바질을 뿌려 완성한다.

지급 재료

- 링귀네 ······················· 80g
- 모시조개 ····················· 80g
- 파슬리 ······················· 10g
- 바질 ························· 5g
- 마늘 ························· 10g
- 페페론치노 ··················· 2g
- 올리브 오일 ·················· 20ml
- 화이트 와인 ·················· 20ml
- 소금 ························· 약간
- 후추 ························· 약간

Point

- 재료라고는 조개 하나만을 사용하여 만들기 때문에 해감을 잘시켜 조개의 모래가 씹히지 않도록 한다.
- **해감** : 4~6%의 바닷물의 염도에 유지하여 하룻밤 정도 어두운 곳에서 담가 놓는다. 바닷물이 아닌 민물에 씻으면 조개가 가진 영양분이 녹아 없어져 버리기 때문에 주의한다.

Chapter 5. 양식 파스타 조리

베이컨 크림소스 파르팔레
Farfalle bacon cream sauce

만드는 법

1. 양파와 마늘은 다져서 준비한다.
2. 양송이, 베이컨은 적당한 크기로 썰어서 준비한다.
3. 파슬리는 물기를 제거하고 다져서 소창에 짜서 건조하여 준비한다.
4. 냄비에 물과 소금, 올리브오일을 넣고 파스타를 삶는다.
5. 팬에 올리브오일을 두르고 양파, 마늘, 양송이, 베이컨을 넣어서 볶아준다.
6. 파스타를 넣은 후 생크림과 노른자를 넣어서 소스의 농도를 조절한다.
7. 완성된 파스타를 접시에 담고 파마산 치즈와 바질을 올려 완성한다.

지급 재료

- 파르팔레 파스타 ······················ 80g
- 올리브 오일 ···························· 30g
- 양송이 ···································· 2ea
- 베이컨 ···································· 20g
- 양파 ······································· 20g
- 마늘 ······································· 1ea
- 생크림 ································· 150ml
- 계란 노른자 ························· 1/2ea
- 파마산 치즈 ··························· 10g
- 바질 ···································· 1leaf
- 파슬리 ···································· 10g
- 소금, 후추 ······························ 약간

Point
- 크림파스타는 하얗게 나와야하므로 타지 않게 볶고 생크림도 적당량 졸여야한다.
- 파르팔레(Farfalle)는 나비넥타이 모양의 건조 파스타이다. '나비'라는 뜻을 지닌 파르팔레는 토마토 소스 같은 가벼운 소스나 치즈 소스, 생크림 소스 등과 잘 어울리며 차가운 샐러드에도 많이 사용한다.

Chapter 5. 양식 파스타 조리

까르보나라 스파게티
Carbonara Spaghetti

만드는 법

1. 스파게티 면은 끓는 물에 소금, 오일을 넣고 알덴테(Al dente)로 삶아 식혀 올리브 오일에 버무려 놓는다.

2. 양파는 곱게 다지고 양송이버섯, 표고버섯은 크기에 따라 육등분 정도로 자르고 베이컨은 1cm 크기로 잘라 놓는다.

3. 달걀 노른자와 휘핑크림 2큰술을 섞어 리에종을 만들어 놓는다.

4. 버터에 양파, 베이컨, 양송이버섯, 표고버섯을 순서대로 넣고 볶다가 스파게티 면과 휘핑크림을 넣고 중불에서 끓여준다.

5. 크림이 끓으면 약불로 줄이고 리에종을 농도에 맞게 넣어 섞어준 다음, 으깬 통후추와 팔마산 치즈가루를 넣고 소금으로 간을 하여 완성한다.

지급 재료

- 스파게티면 ·············· 80g
- 양파 ·················· 20g
- 양송이 버섯 ············· 30g
- 표고 버섯 ·············· 20g
- 베이컨 ················· 2ea
- 휘핑크림 ··············· 200ml
- 달걀 ·················· 1ea
- 버터 ·················· 20g
- 올리브 ············· 오일 20ml
- 팔마산 치즈가루 ·········· 10g
- 통후추 ················· 5ea
- 소금 ·················· 약간

Point

- 까르보나라는 흰색으로 나와야 하므로 양파, 베이컨, 버섯을 볶을 때 갈색이 되지 않게 유의해서 볶아야 한다.
- 리에종은 농도에 맞게 양을 조절하여 넣어주어야 하며 최대한 약불로 조리해야 휘핑크림이 분리되지 않는다.

Chapter 5. 양식 파스타 조리

미트소스 링귀네
Linguine meat sauce

 만드는 법

1. 양파, 당근, 셀러리는 다져서 준비한다.

2. 냄비에 물과 소금, 올리브오일을 넣고 파스타를 삶는다.

3. 팬에 양파, 당근, 셀러리를 볶은 후 토마토 페이스트, 고기를 다져서 넣고 충분히 볶는다.

4. 3번에 홀 토마토, 월계수 잎을 넣고 소스를 완성한다.

5. 소스에 파스타를 넣고 파마산 치즈, 소금, 후추, 바질가루를 넣어 완성한다.

지급 재료

- 링귀네 파스타 ·············· 80g
- 올리브 오일 ·············· 30g
- 버터 ·············· 20g
- 다진 소고기 ·············· 20g
- 양파 ·············· 20g
- 마늘 ·············· 1ea
- 당근 ·············· 10g
- 셀러리 ·············· 10g
- 홀 토마토 ·············· 80g
- 토마토 페이스트 ·············· 10g
- 파마산 치즈 ·············· 10g
- 월계수 잎 ·············· 1leaf
- 바질 ·············· 1leaf
- 파슬리 ·············· 10g
- 레드와인 ·············· 10ml
- 소금, 후추 ·············· 약간

Point

- 링귀네(이탈리아어 : Linguine)는 파스타의 한 종류로 트레네테와 페투치네와 흡사한 납작한 형태다. 너비는 스파게티면보다는 조금 넓지만 페투치네만큼 넓지는 않다.

- 링귀네라는 의미는 이탈리아어로 "작은 혀"라는 의미이다. 더 얇은 형태의 링귀네를 '링궤티네'라고 부른다. 링귀네 파스타를 사용하는 요리로는 링귀네 알레 봉골레(조개를 넣은 링귀네)와 트레네테 알 페스토 등이 있다.

Chapter 5. 양식 파스타 조리
로제소스 푸질리
Fusilli mushroom rose sauce

만드는 법

1. 양송이는 적당한 크기로 슬라이스 하여 팬에 볶는다.
2. 냄비에 물과 소금, 올리브오일을 넣고 파스타를 삶는다.
3. 준비된 토마토 소스와 크림을 넣어 로제소스를 만든다.
4. 소스에 파스타를 넣고 파마산 치즈, 소금, 후추 바질가루를 넣어 완성한다.
5. 파스타를 그릇에 담고 페페론치노와 치즈, 바질, 파슬리로 장식한다.

〈토마토 소스〉

1. 양파, 당근, 셀러리는 다져서 준비한다.
2. 팬에 양파, 당근, 셀러리를 볶는다.
3. 토마토페이스를 2에 넣고 신맛이 나지 않을 때까지 볶아준다.
4. 홀 토마토, 오레가노, 바질, 월계수 잎을 넣고 소스를 완성한다.

 지급 재료

- 푸질리 파스타 ········· 80g
- 올리브 오일 ········· 30g
- 양송이 ········· 2ea
- 생크림 ········· 100ml
- 파마산 치즈 ········· 10g
- 바질 ········· 1leaf
- 파슬리 ········· 10g
- 소금, 후추 ········· 약간
- 페페론치노 ········· 1g
- 토마토 소스 ········· 80ml

〈토마토 소스〉
- 토마토 홀 ········· 200g
- 양파 ········· 50g
- 당근 ········· 20g
- 셀러리 ········· 20g
- 마늘 ········· 5g
- 올리브 오일 ········· 10ml
- 오레가노 ········· 2g
- 바질 ········· 2g
- 월계수 잎 ········· 1ea
- 소금, 후추 ········· 약간

Point

- 푸질리(Fusilli) 비비 꼬인 모양을 하고 있는 파스타들은 토마토 소스는 물론 육류나 해산물 소스, 야채 소스 등 다양한 소스와 잘 어울린다. 샐러드나 냉파스타, 그라탱 요리를 만드는 데에도 적합하다.
- 페페론치노(peperoncino) : 이탈리아의 매운 고추

Chapter 5. 양식 파스타 조리

펜네 아라비아따 *Penne Arrabbiata*

아라비아타 소스는 마늘, 토마토, 마늘, 고추 등을 올리브유에 조리하여 만드는 매운 소스이다.
아라비아타는 이태리어로 "화난"이란 뜻이며 고추 때문에 많이 맵기 때문에 이름이 붙었다.

만드는 법

1. 끓는 물에 펜네를 삶아 건져 놓는다.
2. 베이컨은 사방 0.5cm 정도의 크기로 자르고 양파와 마늘은 곱게 다져 놓는다.
3. 브로컬리는 소금물에 데친 후 작은 크기로 잘라 둔다.
4. 페페론치노와 홀토마토도 곱게 다져 놓는다.
5. 팬에 식용유를 두른 후 마늘과 양파 다진 것을 볶는다.
6. 썰어 놓은 베이컨과 페페론치노를 볶다가 홀토마토(+국물)를 넣어 끓인 뒤 펜네를 넣고 섞어 준다.
7. 소금과 후추로 간을 한 후 접시에 담고 바질 가루를 뿌리거나 바질 잎을 올려준다.

지급 재료

- 펜네 ····················· 70g
- 베이컨 ···················· 1줄
- 양파 ···················· 1/4개
- 페페론치노 ············ 3~4개
- 마늘 ····················· 1개
- 홀토마토(국물 포함) ········ 130g
- 소금, 후추 ············· 약간씩
- 바질 가루 또는 바질 잎 ······ 약간

Point
- 아라비아따(Arrabbiata) : 이탈리아어로 '화가 난'이라는 뜻으로 맵다는 의미이다.
- 매운 맛의 정도는 페페론치노의 양으로 조절한다.

Chapter 5. 양식 파스타 조리

로제 쉬림프 파스타
Rose Shrimp Pasta

토마토 소스와 생크림이 분홍색이 된 소스(로제)에 새우를 보기 좋게 넣은 파스타

만드는 법

1. 스파게티는 7~8분 정도 삶아 올리브오일에 버무려 놓는다.
2. 마늘은 슬라이스하고, 양파, 베이컨은 채로 썰고, 새우는 내장과 머리, 껍질을 제거해 둔다.
3. 팬에 식용유를 두른 후 마늘, 양파, 베이컨, 새우를 넣고 플랑베 하여 볶는다.
4. 새우는 따로 꺼내어 두고 토마토 소스를 넣고 끓인다.
5. 소스가 끓으면 생크림과 파마산 치즈가루를 넣고 골고루 섞일 수 있도록 저어 준다.
6. 삶아 놓은 스파게티를 넣고 소금, 후추로 간을 한 뒤 접시에 담아낸다.

지급 재료

- 스파게티 ·················· 80g
- 양파 ······················· 30g
- 마늘 ······················· 1개
- 새우(40미) ················ 4마리
- 베이컨 ····················· 1줄
- 토마토 소스 ··············· 100ml
- 생크림 ····················· 100ml
- 소금, 후추 ················· 약간
- 파마산 치즈 가루 ·········· 1T
- 파슬리 가루 ················ 약간

Point
- Flambe(플랑베) : 육류, 해산물 등을 조리할 때 와인, 브랜디, 럼 등을 뿌려 불을 붙여 잡내를 제거시켜주는 과정

Chapter 5. 양식 파스타 조리
명란 오일 파스타
Fish Roe Pasta

베이컨 갈릭 파스타와 비슷하며, 명란(또는 날치알)을 넣은 파스타

만드는 법

1. 끓는 물에 스파게티를 삶아 놓는다.
2. 마늘은 슬라이스하고 양파와 베이컨은 채 썰어 놓는다.
3. 어린잎 채소는 찬물에 담가두었다가 물기를 제거해 둔다.
4. 명란은 껍질을 벗겨 준비한다.
5. 팬에 기름을 두른 후 마늘과 양파, 베이컨, 명란을 넣고 볶다가 화이트와인을 넣어 플랑베 해준다.
6. 5번에 삶아 놓은 스파게티를 넣고 올리브오일, 소금과 후추를 넣고 간 맞추며 볶아서 마무리한다.
7. 접시에 보기 좋게 담은 후 어린잎 채소를 올려준다.

지급 재료

- 스파게티 ··············· 80g
- 마늘 ··············· 2개
- 베이컨 ··············· 1줄
- 명란 ··············· 25g
- 양파 ··············· 1/4개
- 어린잎 채소 ··············· 5g
- 화이트 와인 ··············· 10g
- 올리브 오일 ··············· 15g
- 소금 ··············· 약간
- 후추 ··············· 약간

Point
- 명란(날치알)은 살짝만 익는 것이 좋으므로 양파가 완전히 볶아질 때 명란을 넣어 살짝 볶아낸다.
- 명란 자체의 간이 있으므로 감안하여 소금을 넣도록 한다.

Chapter 5. 양식 파스타 조리

시금치 파스타
Spinach Pasta

시금치를 데쳐서 믹서기에 갈은 후 생크림을 넣어 소스 만들어 넣은 파스타

만드는 법

1. 스파게티는 끓는 물에 8분 정도 삶아 올리브유에 버무린다.(면수 남기기)
2. 시금치는 소금물에 데쳐 식혀둔다.
3. 마늘과 양파는 슬라이스 해둔다.
4. 팬에 식용유 소량을 두르고 마늘, 양파, 시금치를 넣어 볶은 후 면수 1컵 정도를 넣고 푹 익혀 우유와 함께 믹서에 간다.
5. 새우는 내장과 껍질을 제거 후 팬에 볶으면서 플랑베 해준다.
6. 팬에 갈아 둔 소스를 부어 잠시 끓여 농도를 맞춘 뒤 생크림을 부어주고 소금과 흰 후추로 간을 한다.
7. 접시에 면을 돌돌 말아 담고 6의 소스를 담는다.
8. 어린잎 채소와 볶아 둔 새우로 가니쉬한다.

지급 재료

- 스파게티 ·············· 80g
- 시금치 ················ 40g
- 양파 ·················· 30g
- 새우(30미) ············ 3마리
- 마늘 ·················· 1개
- 우유 ·················· 50ml
- 생크림 ················ 50ml
- 어린잎 채소 ············ 3g
- 소금 ·················· 약간
- 흰 후추 ················ 약간

Point
- 스파게티 삶은 면수를 조금 남겨 두었다가 믹서기에 넣어서 농도 조절 하면 좋다.
- 시금치 데칠 때 충분한 분량의 물을 넣고 소금 넣어 뚜껑 열고 데쳐서 선명한 초록색이 되게 데친다.

Chapter 5. 양식 파스타 조리

투움바 파스타
Toowoomba Pasta

Toowoomba는 호주 의 도시명에서 유래 했으며, 미국의 아웃백 스테이크 하우스에서 유행하다가 한국에 들어온 파스타. 페투치네에 고춧가루를 넣어 매콤한 크림 소스를 넣은 파스타.

만드는 법

1. 페투치네를 끓는 물에 소금을 넣고 7~8분간 삶는다.
2. 새우는 손질하여 준비해둔다.
3. 마늘과 양파는 얇게 슬라이스 해 둔다.
4. 팬에 식용유를 두른 후 마늘과 양파를 볶다가 새우를 넣고 화이트 와인으로 비린내를 날려 준다.
5. 4번의 팬에 우유와 간장, 고운 고춧가루를 넣고 끓어 오르면 슬라이스 치즈를 넣고 녹인다.
6. 삶은 면, 후추, 생크림을 넣고 볶듯이 섞어 준다.
7. 그릇에 담은 후 파슬리 가루를 뿌려 준다.

지급 재료

- 페투치네 ·················· 80g
- 새우(40미) ················ 4마리
- 슬라이스 치즈 ············ 1장
- 마늘 ······················· 1개
- 양파 ······················· 30g
- 생크림 ···················· 50ml
- 우유 ······················· 100ml
- 화이트 와인 ··············· 1T
- 고운 고춧가루 ············ 1t
- 간장 ······················· 1T
- 후추 ······················· 약간
- 파슬리 가루 ··············· 약간

Point
- 기호에 따라 고춧가루의 분량을 조절하고 간장은 너무 진하면 색이 검게 되므로 적당히 넣는 한국형 퓨전 파스타이다.

Chapter 5. 양식 파스타 조리
라자냐
Bolognese Lasagna with Bechamel

고대 로마인들은 이미 기원전 4세기에 파스타를 만들어 먹기 시작했으며, 고대 로마인들이 만들어 먹었던 파스타는 물과 소금, 밀가루 반죽으로 만든 리가네(Lagane)라 불리는 라자냐와 비슷한 음식이다.

만드는 법

1. 라자냐 면을 소금을 넣은 끓는 물에 8~9분 정도에 삶아 건져 올리브오일에 버무려 둔다.(면수 남기기)
2. 양파, 셀러리, 마늘은 다지고 소고기는 핏물을 제거해 둔다.
3. 버터와 밀가루를 동량으로 하여 화이트 루를 만든 뒤 우유-파마산가루-소금, 흰 후추를 넣어 베샤멜소스를 약간 걸쭉하게 만들어 둔다.
4. 냄비에 2를 넣어 볶다가 페이스트를 넣어 약불에서 3분 정도 볶은 뒤 토마토 소스, 바질가루, 물 반컵, 소금, 후추를 넣어 볼로네제 소스를 만든다.
5. 오븐용 그릇에 볼로네제 소스를 바르고 그 위에 라자냐-베샤멜소스-볼로네제-라자냐-베샤멜소스-볼로네제 제일 위에는 모짜렐라치즈를 올려 전자렌지에 모짜렐라 치즈가 녹을 때까지 익힌다.
6. 완성된 라자냐를 먹기 좋은 크기로 잘라 접시에 담아 드라이 방울토마토나 바질로 장식한다.

지급 재료

- 라자냐 ·· 4장
- 모짜렐라 치즈 ······························· 60g
- 바질 ··· 1장
- 방울토마토 ····································· 1/2

〈베샤멜 소스〉
- 우유 ··· 150ml
- 밀가루 ·· 1T
- 버터 ·· 1T
- 파마산 가루 ······································ 1T
- 소금, 흰 후추 ······················· 약간씩

〈볼로네제 소스〉
- 다진 소고기 ··································· 60g
- 양파 ·· 40g
- 셀러리 ·· 20g
- 토마토 소스 ································ 100ml
- 토마토 페이스트 ··························· 30g
- 파슬리 가루 ··································· 1/2t
- 소금, 흰 후추 ······················· 약간씩

Point
- 기호에 따라 라구 소스, 베샤멜 소스, 치즈의 양을 조절한다.
- 장식은 파슬리가루, 바질, 드라이 토마토 등으로 보기 좋게 장식한다.

Chapter 5. 양식 파스타 조리

깔조네 *Pizza Calzone*

깔조네(calzone)는 이탈리아어로 '큰 양말'을 뜻한다.
밀가루 반죽 사이에 여러 가지 재료와 치즈를 넣고 반달 모양으로 만들어 오븐에서 구운 요리이다.
이탈리아 전통 요리로 피자의 일종이고 모양이 큰 양말과 비슷하다고 해서 깔조네라 부른다.

만드는 법

1. 반죽 재료들을 잘 섞어서 1, 2차 발효를 실시한다.

2. 양송이는 슬라이스하고 베이컨은 1cm×1cm크기로 썰고 홍피망과 청피망은 모양대로 슬라이스 하고 양파는 채 썬다.

3. 양파를 달구어진 팬에 갈색이 나도록 볶고 채썬 양송이도 갈색이 나게 볶는다. 베이컨을 노릇하게 굽는다.

4. 원형 팬에 둥근 모양으로 반죽을 피고 반쪽만 토마토 소스를 바르고 그 위에 토핑을 골고루 올려 준다.

5. 토핑을 넣고 반죽을 반으로 접어서 반원이 되게 접고 위에 버터를 바른 뒤 200℃로 예열한 오븐에서 구워낸다.

6. 완성된 피자를 접시에 담아 완성한다.

지급 재료

〈토핑〉
- 토마토 소스 ················· 20g
- 베이컨 ···················· 20g
- 양파 ····················· 20g
- 양송이 ···················· 20g
- 홍피망 ···················· 15g
- 청피망 ···················· 15g
- 블랙 올리브 ·················· 5g
- 피자 치즈 ··················· 80g
- 버터 ······················ 5g

〈반죽〉
- 밀가루 ···················· 160g
- 설탕 ······················ 3g
- 소금 ······················ 3g
- 이스트 ····················· 3g
- 올리브 오일 ··················· 2g

Point
- 속 재료로는 쇠고기, 닭고기 등 육류와 조개, 오징어 등 해산물, 시금치, 고구마, 브로콜리, 양파 등 다양한 야채, 재료와 어울리는 각종 치즈, 소시지 등 만드는 사람에 따라 여러 가지로 응용이 가능하다.

Chapter 5. 양식 파스타 조리

리코타치즈 크림소스 감자 뇨끼
Potato gnocchi ricotta cheese cream sauce

 만드는 법

1. 감자는 껍질을 벗겨 삶는다.
2. 삶은 감자를 으깬다.
3. 으깬 감자, 넛맥가루, 달걀 노른자, 리코타치즈, 밀가루를 넣고 반죽한다.
4. 뇨끼 반죽을 짤주머니에 넣어 엄지손가락 크기로 짜거나 둥글게 만든다.
5. 끓는 물에 4의 뇨끼를 데쳐낸 후, 올리브 오일을 넣고 앞뒤가 노릇하게 구워준다.
6. 리코타 치즈 소스에 버물러서 그릇에 담아 완성한다.
7. 완성된 그릇에 바질 슬라이스와 파슬리 가루를 뿌려준다.

〈리코타 치즈 크림소스〉

1. 양파는 다져서 준비하고, 베이컨은 적당한 크기로 썰어 준비한다.
2. 펜에 베이컨과 다진 양파를 볶은 후 생크림을 넣어준다.
3. 리코타 치즈를 2번에 넣고 소금과 후추를 넣어 소스를 완성한다.

지급 재료

- 감자 ······················ 120g
- 밀가루 ···················· 40g
- 넛맥가루 ···················· 1g
- 올리브 오일 ················ 60ml
- 달걀 노른자 ················· 1ea
- 파르미지아노 ················ 10g
- 바질 ······················ 1leaf
- 방울토마토 ··················· 1ea
- 소금, 후추 ················· 약간

〈리코타 치즈 크림 소스〉

- 양파 ······················ 50g
- 베이컨 ···················· 20g
- 생크림 ·················· 100ml
- 우유 ····················· 200ml
- 레몬주스 ·················· 20ml
- 파슬리 ····················· 2g
- 백후추 가루 ················ 0.5g
- 소금, 후추 ················· 약간

Point

- 이탈리아의 전통적인 요리인 뇨끼는 우리나라 음식과 비교하면 수제비와 비슷한 요리라고 할 수 있다. 찐감자를 주재료로 약간의 밀가루를 첨가해서 반죽을 만든 후에 수제비처럼 먹기 좋은 크기로 모양을 내서 익힌 요리다.
- 뇨끼는 아주 부드러워서 입안에서 살살 녹는 느낌이 난다. 또 뇨끼의 모양은 이탈리아의 여러 파스타들처럼 아주 재미있는 모양을 하고 있다. 포크나 뇨끼 모양을 내는 도구를 사용해서 조개껍질 같은 모양을 낸다.

Chapter 5. 양식 파스타 조리

버섯 베이컨 리조또
Mushroom Bacon Risotto

리조또(risotto)는 '팬에 버터를 두른 뒤 쌀을 볶다가 화이트 와인과 육수를 넣고 졸여내는 음식'이다.

만드는 법

1. 쌀은 찬물에 씻어 불려 놓고 양파는 다지고 양송이버섯, 표고버섯은 슬라이스 하고 베이컨은 1cm 두께로 썰어 준비한다.
2. 파마산 치즈 덩어리는 치즈 강판에 갈아 놓는다.
3. 버터에 베이컨, 양송이버섯, 표고버섯을 순서대로 넣어 볶는다.
4. 버터에 양파를 볶다가 물기를 제거한 쌀을 넣고 볶는다.
5. 4에 와인을 넣고 수분이 없어지도록 볶아주며 치킨 스톡을 2~3번에 나누어 넣어가며 볶다가 3의 볶은 베이컨과 버섯을 넣어준다.
6. 쌀이 알덴테(Al dente)로 익으면 갈아 놓은 치즈가루와 소금, 후추로 간을 한다.
7. 접시에 리조또를 담고 미니 루꼴라와 치즈가루, 후추가루를 뿌려 완성한다.

지급 재료

- 쌀 ··· 150g
- 버터 ··· 20g
- 양파 ··· 20g
- 표고 버섯 ································· 20g
- 양송이 버섯 ····························· 50g
- 베이컨 ······································ 2줄
- 화이트 와인 ···························· 50ml
- 치킨 스톡 ······························· 300ml
- 미니 루꼴라 ······························· 5g
- 파마산 치즈 덩어리 ················· 30g
- 트러플 오일 ····························· 5ml
- 올리브 오일 ··························· 20ml
- 소금, 후추 ································ 약간

Point
- 쌀은 냄비에 눋지 않도록 스톡을 넣어가며 잘 볶아준다.
- 리조또는 수분을 최대한 적게 하고 쌀 익힘에 유의해서 알덴테로 잘 익혀준다.

Chapter 5. 양식 파스타 조리

양송이 리조또
Mushroom Risotto

리조토(risotto)는 '팬에 버터를 두른 뒤 쌀을 볶다가 화이트 와인과 육수를 넣고 졸여내는 음식'이다.

만드는 법

1. 샬롯은 잘게 다져서 버터와 함께 팬에서 볶아준다.

2. ①에 불린 쌀과 양송이 슬라이스를 볶다가 치킨스톡을 넣고 팬에 눌지 않게 나무주걱으로 저어가며 끓여 준다.

3. 쌀이 거의 다 익을 때쯤 생크림을 넣어 가며 끓이고 소금, 후추로 간을 하여 리조또를 완성한다.

4. 리조또를 그릇에 담고 위에 파마산 치즈를 갈아서 올려 완성한다.

지급 재료

- 불린 쌀 ································· 80g
- 양송이 ································· 50g
- 생크림 ································· 160ml
- 치킨 스톡 ····························· 150ml
- 샬롯 ···································· 30g
- 처빌 ···································· 1잎
- 파마산 치즈 ·························· 30g
- 버터 ···································· 10g
- 소금 ···································· 약간
- 후추 ···································· 약간

Point

- 기호에 따라서 해산물이나 다양한 버섯종류를 첨가하여 만들 수 있으며 우리나라의 죽보다는 좀 더 단단한 쌀의 맛이 특징이다.

- 리조토 요리도 파스타와 동일하게 알덴테(al dente : 면의 딱딱함이 살짝 느껴진 단계)로 조리한다.

- 스톡은 한 번에 부어버리면 원하는 정도의 되직 함을 얻기 어렵기 때문에 한 국자씩 떠서 조금 씩 더 한다.

- 샬롯(양파)의 크기가 쌀보다 크면 리조또가 완성 되었을 때 양파의 식감이 도드라져 부드럽고 크리미한 리조또의 맛을 해칠 수 있다.

Chapter 5. 양식 파스타 조리

피자
Pizza

피자라는 말이 어디에서 유래되었는지는 확실하지 않으나, '납작하게 눌려진' 또는 '동그랗고 납작한 빵'을 의미하는 그리스어 피타(Pitta)에서 유래되었다는 설과, 'a point'라는 영어 단어에서 유래되었다는 설이 있다.

만드는 법

1. 피자 반죽 재료들을 잘 섞어서 1, 2차 발효를 시킨다.
2. 양송이는 슬라이스하고 베이컨은 1cm×1cm크기로 썰고 홍피망과 청피망은 모양대로 슬라이스 한다. 그리고 양파는 채 썬다.
3. 양파를 달구어진 팬에 갈색이 나도록 볶고 채썬 양송이도 역시 갈색이 나게 볶는다. 베이컨을 노릇하게 굽는다.
4. 발효가 완료된 반죽은 피자 팬에 잘 펴고 그 위에 토마토 소스를 바른다.
5. 토핑들을 골고루 올려주고 피자 치즈를 올린 뒤에 200℃로 예열된 오븐에서 구워낸다.

지급 재료

〈반죽〉
- 밀가루 ………………………… 160g
- 설탕 ……………………………… 3g
- 소금 ……………………………… 3g
- 이스트 …………………………… 3g
- 올리브 오일 ……………………… 2g

〈토핑〉
- 피자소스 ………………………… 40g
- 베이컨(구운 것) ………………… 20g
- 양송이(볶은 것) ………………… 20g
- 홍피망 …………………………… 15g
- 청피망 …………………………… 15g
- 양파(볶은 것) …………………… 20g
- 블랙 올리브 ……………………… 5g
- 피자 치즈 ……………………… 120g

Point
- 피자는 토핑물의 종류에 따라 다양한 이름을 붙인다.

Chapter 6. 양식 조식 조리

01. 달걀요리 조리하기

1. 습열 조리하는 달걀 요리

(1) 포치드 에그(Poached egg)
포치드 에그는 달걀의 껍데기를 깨서 노른자가 터지지 않은 상태로 90~95℃의 물에 넣어 흰자만 익힌 요리이다. 한식의 수란과 유사하다.

(2) 에그 베네딕틴(Egg Benedictine)
구운 잉글리시 머핀에 햄, 포치드 에그를 얹고 홀렌다이즈 소스를 올린 요리

(3) 삶은 달걀(Boiled egg)
삶은 달걀은 달걀을 껍질째 물에 넣고 가열하여 익힌 요리이다. 달걀의 익은 정도에 따라 다음과 같이 나뉘며, 달걀의 크기에 따라 가열 시간이 다르다.

- (가) 코들 에그(Coddle egg)
  끓는 물에 넣고 30초 정도 가열하여 잠시 동안 삶아진 것
- (나) 반숙 달걀(Soft-boiled egg)
  끓는 물에 넣고 3~4분 정도 가열하여 노른자가 1/3 이하로 익은 것
- (다) 중 반숙 달걀(Medium-boiled egg)
  끓는 물에 넣고 5~7분 정도 가열하여 노른자가 1/2 익은 것
- (라) 완숙 달걀(Hard-boiled egg)
  끓는 물에 넣고 10~14분 정도 가열하여 노른자가 완전히 다 익은 것

2. 건열 조리하는 달걀 요리

(1) 달걀 프라이(Fried egg)
달걀 프라이는 팬에서 가열하는 조리법으로 뒤집기 여부와 노른자의 상태에 따라 네가지로 분류할 수 있다. '오버(Over)'는 조리 과정 중 달걀을 뒤집으라는 뜻이다.

- (가) 서니 사이드 업(Sunny side up)
  팬에 버터나 오일을 두르고 나서 달걀을 넣은 후 뒤집지 않고 노른자를 반숙으로 조리한 것이다. 노른자가 마치 대지 위에 태양이 떠오르는 것처럼 보여 '서니 사이드업'이라고 불린다.
- (나) 오버 이지(Over easy)
  팬에 버터나 오일을 두른 후 가열하고 달걀을 깨뜨린다. 흰자가 절반 정도 익었을 때 뒤집어서 흰자를 모두 익힌다. 단, 흰자는 익고 노른자는 익지 않아 흐르는 상태이므로, 노른자가 터지지 않게 주의 한다.
- (다) 중 반숙 달걀(Medium-boiled egg)
  오버 이지와 같은 방법으로 조리하며 노른자를 반 정도 익힌다.
- (라) 완숙 달걀(Hard-boiled egg)
  오버 이지와 같은 방법으로 조리하며, 노른자를 완전히 다 익힌다.

(2) 스크램블 에그(Scrambled egg)

스크램블 에그는 달걀을 풀어준 후 가열된 팬에 버터나 오일을 두르고 재빠르게 휘저으면 완성되는 쉬운 요리이다.

(3) 오믈렛(Omelet)

오믈렛은 달걀을 스크램블 에그처럼 만들다가 중간에 프라이팬의 옆면을 이용하여 럭비공처럼 말아주는 요리이다.

(4) 수플레(Souffle)

수플레는 '부풀다'란 뜻의 프랑스어로 달걀흰자를 거품 내어 머랭(Meringue)을 만들고 밀가루, 버터 등의 재료를 섞어서 오븐에 구워낸 요리이다.

3. 달걀이 부재료인 요리

① 해시 브라운 감자(Hash Brown Potato):
  감자를 잘게 채 썰 듯이 썰어 버터와 기름을 두른 팬에 갈색으로 구운 요리
② 오믈렛, 보일드 에그, 포치드 에그, 달걀 후라이, 스크램블드 에그, 에그 베네딕틴

02. 조찬용 빵류 조리하기

(1) 아침 식사용 빵의 종류

토스트 브레드, 데니시페이스트리, 크루아상, 베이글, 잉글리시 머핀, 프렌치 브렌드, 호밀빵, 브리오슈, 스위트 롤, 하드롤, 소프트 롤

(2) 아침 식사용 조리빵류

프렌치 토스트, 팬 케이크, 와플, 시나몬 토스트, 크레이프

03. 시리얼류 조리하기

(1) 차가운 시리얼

① 콘 플레이크
② All Bran : 밀기울을 으깨어 가공 한 것
③ 라이스 크리스피 : 쌀을 바삭하게 튀긴 것
④ 레이진 브렌 : 구운 밀기울 조각에 달콤한 건포도를 넣은 것
⑤ 쉬레디드 휘트(Shredded Wheat) : 밀을 조각내고 으깨어 사각형으로 만든 비스킷 형태
⑥ 버처 뮤즐리(Bircher Muesli) : 오트밀(귀리)을 기본으로 해서 견과류 등을 넣은 아침 식사

(2) 더운 시리얼

오트밀(Oatmeal) : 귀리를 볶은 다음 거칠게 부수거나 납작하게 누른 식품으로 육수나 우유를 넣고 죽처럼 조리해서 먹는다.

Chapter 6. 양식 조식 조리
프렌치 토스트
French toast

식빵 조각을 우유, 설탕을 넣어 섞은 달걀물에 담그었다가 살짝 구워 낸 것

 만드는 법

1. 달걀에 우유, 연유, 소금을 넣고 잘 풀어 놓는다.
2. 식빵 2장 안쪽에 쨈을 바르고 치즈와 슬라이스햄을 넣는다.
3. 팬에 버터를 녹인 후 달걀물에 적신 빵을 노릇하게 불 조절하며 구워 낸다. 이때 태우지 않도록 불 조절을 잘 해야 한다.
4. 구워 낸 식빵에 파슬리 가루를 뿌리고 먹기 좋은 크기로 썰어 접시에 담아 낸다.

 지급 재료

- 식빵 ·· 2장
- 달걀 ·· 1개
- 우유 ·· 2T
- 연유 ·· 1T
- 치즈 ·· 1장
- 슬라이스 햄 ······························· 1장
- 블루베리 쨈 ································ 2T
- 버터 ·· 30g
- 소금 ·· 약간
- 파슬리 가루 ······························ 약간

Point
- 식빵에 햄, 치즈를 넣지 않고 구워서 바로 먹기도 한다.
- 식빵을 구울 때 설탕이 들어갔으므로 쉽게 탈 수 있으니 태우지 않도록 불 조절을 잘 해야 한다.

Chapter 6. 양식 조식 조리
블랙퍼스트 콤보
Breakfast Combo (french toast with egg, sausage)

크로크 무슈와 비슷한 요리로 달걀 프라이를 올려 놓은 크로크 마담(Croque Madame)이다.

만드는 법

1. 식빵 한쪽 면에 버터를 얇게 펴 바른다.
2. 식빵에 슬라이스 햄 1장, 치즈 1장을 올리고 식빵을 덮고 꾹꾹 눌러 준다.
3. 팬에 버터를 두르고 앞 뒤 노릇하게 굽는다.
4. 모짜렐라 치즈를 식빵 위에 올려 180℃로 예열한 오븐에 10분간 굽는다.
5. 계란 후라이 한다.
6. 감자는 웨지로 잘라 베이컨에 감아 소금, 후추 밑간 후 팬에 굽는다.
7. 접시에 야채 샐럿으로 장식한다.

지급 재료

- 식빵 ·············· 2개
- 체다슬라이스 치즈 ············ 1장
- 모짜렐라 치즈 ············ 약간
- 계란 ·············· 1개
- 햄 ·············· 1장
- 베이컨 ············ 2장
- 감자 ·············· 1개
- 버터 ············ 약간
- 파슬리 가루 ············ 약간
- 야채 샐럿 ············ 약간
- 소금 ············ 약간
- 후추 ············ 약간

Point
- 모짜렐라 치즈를 식빵 사이에 넣어서 계란 물을 입혀 구워도 맛이 좋다.
- 햄 대신에 먹고 남은 불고기나 잘게 찢은 닭 가슴살, 감자나 양파를 슬라이스해서 볶아 넣어도 맛이 좋다.

Chapter 6. 양식 조식 조리
시금치 수플레
Spinach Egg Souffle

달걀흰자를 거품을 낸 것에 그 밖의 재료를 섞어서 부풀려, 오븐에 구워낸 요리 또는 과자. 수플레란 '부풀다'라는 뜻의 프랑스어이다.

만드는 법

1. 팬에 버터와 밀가루를 사용해 블론드 루로 만든다.
2. 우유를 넣고 부드러워질 때까지 잘 저어주고 소금과 후추로 간을 하고 달걀 노른자를 넣어 은근하게 끓인다.
3. 체에 걸러 수플레 반죽을 완성한다.
4. 수플레 몰드에 버터를 발라주고 치즈를 갈아서 코팅을 한다.
5. 수플레 베이스 30g에 시금치 10g, 파마산 치즈, 소금, 후추를 넣고 섞어준다.
6. 달걀 흰자는 거품을 쳐서 수플레 반죽에 섞는다.
7. 수플레 몰드에 반죽을 채워 넣는다.
8. 220℃로 예열된 오븐에 넣어 20분가량 구워서 완성한다.

지급 재료

〈수플레 반죽〉
- 버터 ············· 20g
- 밀가루 ············· 25g
- 우유 ············· 240ml
- 달걀 노른자 ············· 5개
- 소금 ············· 약간
- 후추 ············· 약간
- 버터 ············· 10g
- 파마산 치즈 ············· 8g
- 시금치 ············· 20g
- 달걀 흰자 ············· 1개

Point
- 수플레는 식으면 부푼 것이 쭈그러들므로 구워낸 즉시 따뜻할 때 내야 한다.
- 부풀어 오른 수플레를 꼬치로 중앙을 찔러보아 상대적으로 깨끗하게 묻어나오는 것이 거의 없을 때까지 15분간 방해하지 않고 굽는다.

Chapter 6. 양식 조식 조리

키슈 로렌
Quiche Lorraine

프랑스의 달걀요리로서 Quiche는 '달걀, 크림, 향신료, 양파, 버섯, 햄, 조개 또는 허브 등으로 만들고 커스터드 등으로 채운 pastry 껍질'이다. 이 중에서 가장 유명한 것이 키슈 로렌으로 바삭하게 구운 베이컨 조각, 또는 Gruyere 치즈 등을 filling으로 넣은 것이다.

만드는 법

1. 베이컨을 스몰 다이스로 썰어 팬에 볶아서 갈색이 나도록 한다.
2. 생크림과 달걀을 혼합하고 나머지 모든 재료를 넣고 소금, 후추로 간을 한다.
3. 파이팬에 버터를 발라 달걀 혼합물을 넣고 예열되어 있던 170℃의 오븐에 넣어서 40분 정도 구워 가운데 부분이 완전하게 익도록 한다.
4. 파이 팬에서 키슈를 빼내 그릇에 담아 썰어 완성한다.

지급 재료

- 베이컨 ···················· 10g
- 버터 ······················· 10g
- 생크림 ···················· 100ml
- 파마산 치즈 ············ 10g
- 브로커리 ················ 20g
- 햄 ··························· 10g
- 토마토 ···················· 20g
- 달걀 ······················· 1개
- 소금 ······················· 약간
- 후추 ······················· 약간

Point
- 계란을 요리할 때 다양한 채소를 더하면 콜레스테롤의 체내 흡수율을 낮출 수 있어 좋다.

Chapter 6. 양식 조식 조리
에그 베네딕트
Eggs Benedict

에그 베네딕트(egg benedict)는 구운 잉글리시 머핀 가운데에 햄이나 캐나디안 베이컨, 수란(a poached egg)을 얹고 홀렌다이즈 소스(holladaise sauce)를 뿌린 미국 샌드위치의 한 종류이다.

만드는 법

1. 달걀을 이용해서 포치드 에그를 만든다.
2. 홀렌다이즈 재료를 사용하여 소스를 만든다.
3. 잉글리시 머핀은 버터를 발라 팬에 구워 준다.
4. 베이컨을 팬에 구워서 바삭하게 만든다.
5. 버터를 바른 잉글리시 머핀 위에 베이컨을 얹고 그 위에 포치드 에그를 올린다.
6. 접시에 옮겨 담고 홀렌다이즈 소스를 올려서 완성한다.

지급 재료

- 달걀 ·················· 2개
- 잉글리쉬 머핀 ·········· 2개
- 버터 ·················· 20g
- 베이컨 ················ 2장

〈홀렌다이즈 소스〉
- 달걀 ·················· 1개
- 양파 ·················· 1/8개
- 식초 ·················· 10ml
- 버터 ·················· 100g
- 레몬 ·················· 1/4개
- 월계수 잎 ············· 1장
- 파슬리 ················ 1줄기
- 소금, 후추 ············ 약간

Point
- 포치드 에그 : 물에 소금, 식초를 넣어 끓인 다음, 달걀을 넣고 흰자가 응고되도록 3분 정도 익힌다.

Chapter 6. 양식 조식 조리

에그 시금치 베네딕트
Egg spinach benedict

잉글리시 머핀을 반으로 잘라 구운 후, 그 위 슬라이스 햄이나 베이컨 올리고 시금치, 수란, 홀렌다이즈 소스를 올린다.

만드는 법

1. 잉글리쉬 머핀은 반으로 자른 후 팬에 기름을 두르지 않고 구워둔다.
2. 팬에 기름을 두른 후 적당히 자른 양파와 시금치에 소금, 후추를 넣고 1분 정도 볶아준다.
3. 베이컨은 따로 팬에 구워둔다.
4. 달걀은 수란 또는 써니 사이드 업으로 구워 둔다.
5. 버터를 녹여 정제버터를 만든다.
6. 볼에 달걀 노른자와 레몬즙을 넣어 거품기로 걸죽해질 때까지 휘핑한다. 따뜻한 물이 담긴 냄비에 볼을 얹고 살짝 식은 버터를 조금씩 넣어가면서 거품기로 섞어 홀렌다이즈 소스를 만든다.
7. 소금과 후추로 간을 한다.
8. 머핀 위에 베이컨, 시금치, 달걀 순서로 얹고 홀렌다이즈 소스를 끼얹는다.

지급 재료

- 잉글리쉬 머핀 ······················ 1개
- 시금치 ······························ 40g
- 베이컨 ······························ 2장
- 달걀 ································· 1개
- 양파 ································· 30g

〈홀렌다이즈 소스〉
- 달걀 ································· 1개
- 레몬즙 ······························ 1T
- 버터 ································· 60g
- 소금, 흰 후추 ····················· 약간

Point
- 홀렌다이즈 소스가 분리되지 않게 주의 한다.

브런치 마스터

Chapter 6. 양식 조식 조리
포치드 에그
Poached egg

끓는 물에 불을 약하게 낮춘 후 달걀 흰자가 노른자를 둘러싸며 익힌 것(수란)으로 아침식사에는 토스트 위에 올리기도 한다.

 만드는 법

1. 냄비에 분량에 물과 식초, 소금을 넣고 90℃ 내외로 가열한다.

2. 끓고 있는 용액에 달걀을 조심스럽게 넣어서 노른자가 터지지 않게 하고, 흰자가 크게 퍼지지 않게 한다.

3. 약 3분 동안 가열하여 흰자를 단단하게 익힌다.

4. 달걀을 건져 수분을 제거한다.

Point

● **바로 제공할 때**
  체나 스키머를 이용하여 조심스럽게 건져서 키친타올로 물기를 제거한 후 사용한다.

● **보관 후 제공할 때**
  체나 스키머를 이용하여 조심스럽게 건져서 즉시 찬 물에 담가 남은 열로 더 익는 것을 방지하고, 냉장보관한다. 제공 직전 끓는 물에 재가열하여 건진 후 키친타올로 물기를 제거한다.

지급 재료

- 달걀 ·············· 1개
- 물 ················ 1L
- 식초 ·············· 15ml
- 소금 ·············· 적당량

Chapter 6. 양식 조식 조리

포치드 에그 모네이
Poached Egg Morney

에그 베네딕트의 한 종류로서 홀랜다이즈 소스 대신 모네이소스(치즈를 넣은 베샤멜 소스)를 뿌린 미국식 샌드위치의 한종류이다. 모네이 소스는 베샤멜 소스와 그뤼에르 치즈로 만든 소스로서 베샤멜 소스의 파생소스이다.

만드는 법

1. 베샤멜 소스에 치즈를 갈아서 넣고 소스를 만든다.
2. 물에 소금, 식초를 넣어 끓인 다음, 달걀을 넣고 흰자가 응고 되도록 3분 정도 익히고 꺼내 물기를 제거한다.
3. 빵은 몰드를 이용해 잘라서 팬에 구워낸다.
4. 구운 빵 위에 포치드 에그를 올리고 모네이소스를 올려 완성한다.

지급 재료

- 물 ······················ 350ml
- 소금 ······················ 1g
- 식초 ······················ 3g
- 달걀 ······················ 3개
- 식빵 ······················ 1개

〈모네이 소스〉
- 베샤멜 소스 ············ 200ml
- 그뤼에 치즈 ············ 50g

Point

- 실온 상태의 계란을 사용해야 한다.
- 가장 신선한 달걀을 사용할 것
  - 계란 흰자가 단단해서 물 속에서 익혀질 때, 노른자와 흰자가 잘 붙어있게 된다.
- 여분의 흰자는 떼어내라.
  - 떨어지려고 하는 부분은 아예 떼어내고 조리 해야 질감과 모양이 좋다.
- 물의 온도가 제일 중요하다. (80℃를 유지)
- 계란이 불과 직접 닿지 않게 한다.
  - 균열하게 80℃를 유지하기 위해 접시 등을 냄비 바닥에 놓는다.

Chapter 6. 양식 조식 조리

에그 프라이 Fried egg

(가)  (나)  (다)

(가) 서니사이드업(Sunny side up) 달걀을 뒤집지 않고 흰자만 익힌다.
(나) 오버이지(Over easy) 흰자가 익었을 때 뒤집어서 20~30초 정도 가열하여 흰자의 표면만 익힌다.
(다) 오버하드(Over hard) 흰자가 익었을 때 뒤집어서 노른자를 완전히 익히거나 노른자를 깨뜨린 후 뒤집어 익힌다.

지급 재료
- 달걀 ·················· 3개
- 식용유 ················ 적당량

만드는 법
1. 프라이팬을 가열한다.
2. 팬에 기름 코팅을 한다.
3. 프라이팬에 달걀을 넣는다.
4. 달걀을 레시피에 따라 익힌다.

보일드 에그 Boiled egg

(가)  (나)  (다)

(가) 반숙 달걀 (Soft-boiled egg) 달걀을 넣고 물이 끓기 시작하면 3~4분간 가열한다.
(나) 중 반숙달걀 (Medium-boiled egg) 달걀을 넣고 물이 끓기 시작하면 5~7분간 가열한다.
(다) 완숙 달걀 (Hard-boiled egg) 달걀을 넣고 물이 끓기 시작하면 10분간, 아주 큰것은 14분간 가열 한다.

지급 재료
- 달걀 ·················· 3개
- 물 ···················· 적당량
- 식초 ·················· 15ml
- 소금 ·················· 적당량

만드는 법
1. 달걀을 냄비에 넣고 물을 붓는다.
   (달걀 위로 물이 3cm정도 올라오게 붓기)
2. 가열한다.
3. 물이 끓기 시작한 시점부터 달걀 삶는 시간을 측정한다.
4. 달걀을 찬물에 담가 열기를 빼서 노른자 표면이 회녹색으로 변하는 것을 방지한다.

Chapter 6. 양식 조식 조리
치즈 오믈렛
Cheese Omlet

달걀을 풀어 치즈를 넣고 프라이팬에 타원형으로 익힌 것.

 만드는 법

1. 달걀 3개를 풀고 소금을 넣어 저어서 체에 걸러준다.
2. 치즈는 사방 0.5cm로 썬다.
3. 달걀물에 생크림과 치즈 1/2을 넣어 혼합한다.
4. 팬에 식용유를 두르고 뜨거워지면 달걀물을 넣어 나무젓가락으로 휘저어 스크램블 하다가 한쪽 방향으로 밀어 남은 치즈를 넣은 후 타원형으로 모양을 말아 완성한다.

지급 재료

- 달걀 ·················· 3개
- 치즈 (가로, 세로 8cm 정도) ········ 1장
- 버터 (무염) ·················· 30g
- 식용유 ·················· 20ml
- 생크림 (조리용) ·················· 20ml
- 소금 (정제염) ·················· 2g

Point
- 달걀이 타거나 빨리 익지 않도록 스크램블 한다.
- 완성품이 터지지 않도록 주의한다.

Chapter 6. 양식 조식 조리
스터프드 에그
Stuffed Egg

스터프드(Stuffed)는 "가득 채우다"라는 뜻을 가지고 있다.
삶은 흰자 안에 갖가지 재료를 양념하여 채워 넣은 전채요리이다.

만드는 법

1. 양상추와 파슬리는 찬물에 담가 싱싱하게 준비한다.

2. 냄비에 달걀이 잠길 정도로 물을 붓고 달걀, 소금 1t를 넣고 물이 끓을 때 까지 굴려가며 익히다가 물이 끓으면 뚜껑을 덮고 12분 정도 삶아 완숙으로 익힌다.

3. 섬유질을 제거한 셀러리와 햄은 곱게 다져 놓는다.

4. 삶은 달걀은 2등분하여 흰자와 노른자를 분리하고, 양상추와 파슬리를 뜯어 준비한다. (가니쉬용)

5. 노른자는 체에 내리고 다진 셀러리와 햄, 마요네즈, 머스터드, 소금, 후추를 넣어 소를 완성한 뒤 짤주머니에 넣어둔다.

6. 달걀 흰자 속에 양상추로 장식하고 짤주머니에 넣은 소를 보기 좋게 짜 넣어 파슬리로 장식한다.

지급 재료

- 달걀 ··································· 2개
- 마요네즈 ···························· 10g
- 머스터드 ·····························2g
- 소금 ····································2g
- 흰 후춧가루 ························2g
- 잎상추 ································ 1잎
- 파슬리 ······························1줄기
- 사각 햄 ································5g
- 샐러드 ································30g

Point

- 달걀이 터지지 않도록 주의해서 삶는다.
- 햄과 샐러드는 곱게다진다. (곱게 다지지 않으면 짤주머니가 막혀 모양이 흐트러진다.)
- 소가 묽어지지 않게 마요네즈와 머스터드의 양을 조절한다.

Chapter 6. 양식 조식 조리
크레페 모닝
crepe morning

만드는 법

1. 버터는 녹여서 식혀 두고, 밀가루에 소금을 조금 넣는다.

2. 밀가루에 달걀을 넣고 잘 풀어 준다. 여기에 우유를 조금씩 부어가면서 거품기로 잘 섞어 준다.

3. 2에 녹인 버터를 넣어 저어주고 체에 한 번 걸러 준다. (주르륵 흐르는 농도가 좋다.)

4. 베이컨은 구운 뒤 적당히 잘라 주고, 양송이도 슬라이스하여 구워둔다.

5. 달걀은 써니 사이드 업으로 익혀둔다.

6. 약하게 달구어진 팬에 크레페 반죽을 부어 팬 전체로 돌려준 다음 가장자리가 익으면 모짜렐라치즈, 달걀후라이, 베이컨, 양송이를 보기 좋게 올린 후 가장자리를 접어 준다. 이때 반죽물을 조금 남겨 풀처럼 사용한다.

7. 접시에 담고 파슬리 가루를 뿌려 준다.

지급 재료

- 크레페 ·················· 1장
- 베이컨 ·················· 1줄
- 달걀 ···················· 1개
- 모짜렐라 치즈 ·········· 40g
- 양송이 ·················· 1개
- 파슬리 가루 ············ 약간

〈크레페 반죽〉
- 밀가루 ·················· 6T
- 달걀 ···················· 1개
- 우유 ·················· 100ml
- 버터 ···················· 2T
- 설탕 ···················· 1T

Point
- 크레페 반죽의 농도가 진하지 않도록 유의한다.
- 양송이를 얇게 슬라이스 해야 보기 좋다.

Chapter 6. 양식 조식 조리
아란치니 *Arancini*

기름에 튀기거나 구운 주먹밥과 비슷한 요리로 빵가루를 겉에 묻혀서 만드는 요리로 시칠리아에서 10세기부터 시작한 것으로 파악되고 있다. 아란치니는 보통 고기 소스인 라구 또는 토마토 소스를 뿌리고 모짜렐라 치즈를 뿌리고 완두콩을 얹어 함께 먹는다.

만드는 법

1. 다진 소고기는 키친타올로 핏물을 제거 해주고, 양파, 셀러리, 마늘은 곱게 다진다.

2. 냄비에 재료들을 볶다가 토마토 소스, 바질 가루, 소금, 후추를 소량 넣어 끓여 라구 소스를 완성한다.

3. 밥을 지어 준비하고, 팬에 밥을 볶다가 라구소스 4~5스푼 정도를 넣고 볶아 준다.

4. 볶은 밥을 볼 모양으로 만들고 가운데에는 모짜렐라 치즈를 넣어 준다.

5. 4에 밀가루 - 달걀물 - 빵가루를 묻혀 노릇하게 튀긴다.

6. 완성한 아란치니를 라구 소스와 함께 담고 어린 잎과 파마산 가루로 가니쉬한다.

지급 재료

- 불린 쌀 ·············· 1/2컵
- 다진 소고기 ·············· 60g
- 양파 ·············· 1/4개
- 셀러리 ·············· 30g
- 마늘 ·············· 1개
- 토마토 소스 ·············· 70ml
- 모짜렐라 치즈 ·············· 50g
- 달걀물 ·············· 약간
- 빵가루 ·············· 적당량
- 소금, 후추 ·············· 약간
- 밀가루 ·············· 적당량
- 바질홀 ·············· 1/2t
- 어린 잎 ·············· 3g
- 파마산 치즈 가루 ·············· 약간

Point
- 소고기 핏물을 제거해야 양념이 잘 스며든다.
- 밥은 고슬고슬하게 지어야 좋다.

Chapter 7. 양식 샌드위치 조리

1. 샌드위치의 특징
샌드위치는 빵 속에 각종 채소류, 육류, 치즈류, 소스 등을 넣어 간단하게 먹을 수 있는 음식으로 바쁜 현대인에게 인기가 많다. 샌드위치의 구성 요소는 빵(Bread), 스프레드(Spread), 필링(Filling), 가니쉬(Garnish)가 대표적인 구성 요소이다.

(1) 빵(Bread)
샌드위치에 사용되는 빵의 종류는 매우 다양하다. 일반 식빵을 가장 많이 사용하지만, 요즘은 곡물로 된 건강식 식빵을 사용하거나 크루아상이나 바게트, 베이글 등을 이용한 다양한 종류의 샌드위치가 증가하고 있다. 식빵의 경우 두께는 1.3cm가 좋으며 오픈 샌드위치를 사용할 경우에는 1.5cm를 사용하 는 것이 좋다.

(2) 스프레드(Spread)
샌드위치를 만들 때 제일 주의할 점은 빵에 수분이 흡수되어 빵이 눅눅해지는 것을 방지해야 한다. 그래서 빵에 지방으로 된 스프레드를 바르면 수분 흡수를 방지하기 때문에 스프레드를 바른다. 또한 샌드위치의 맛을 상승시키는 가장 중요한 요소가 되고 있으며 버터, 머스터드, 마요네즈, 땅콩 버터, 꿀, 잼을 사용하기도 한다.

(3) 속 재료(Filling)
샌드위치의 속 재료는 샌드위치의 맛을 결정하는 가장 중요한 요소이다. 샌드위치에 들어가는 속 재료는 신선하고 영양이 높고 맛이 좋아야 한다. 또한 색상도 알맞게 들어가야 한다. 육류와 가금류, 햄류, 치즈류, 채소류 등이 들어간다.

2. 샌드위치 완성하기
샌드위치는 식사 대용으로 남녀노소 간편하게 즐기는 음식이다. 길거리에 손에 들고 다니면서 또는 고급 레스토랑에 앉아서 먹기도 한다. 그래서 샌드위치를 완성할 때에는 장소에 따라 다르게 담아야 한다. 야외에서 식사로 먹을 때는 유선지로 포장하여 손에 묻지 않게 해야 한다.
또한 레스토랑에서는 품위 있는 식사를 위해 적당한 조각을 내어 제공해야 한다.

3. 샌드위치 가니쉬(Sandwich garish)
가니쉬(Garnish)는 미각보다 시각 즐겁게 하는 역할을 한다. 샌드위치는 퍽퍽하기 때문에 침샘을 자극하는 피클 등을 가니쉬로 사용하기도 하며 또는 토마토나 양파, 양상추를 사용하기도 한다. 샌드위치의 가니쉬는 상품성을 충족하기 위한 필수적인 요소이다.

(1) 오이 피클(Pickle cucumber)
오이 피클은 설탕과 식초, 소금, 향신료 등을 적당한 비율로 끓여 오이를 절여 먹는 음식으로 신맛과 짠맛, 적당한 단맛이 난다. 오이 피클은 침샘을 자극하여서 샌드위치와 같은 퍽퍽한 음식 과 어울리는 음식으로 샌드위치에 빠질 수 없는 식재료이다.

(2) 토마토(Tomato)
영양이 풍부한 토마토는 샌드위치에 부족할 수 있는 영양성분을 보충해 준다. 또한 빨간색으로 샌드위치의 색감을 돋보이는 역할을 한다.

(3) 양상추(Lettuce)
아삭한 맛으로 샌드위치에서는 수분이 빵에 흡수되는 것을 방지하는 역할을 한다. 샐러드에 많이 사용하는 양상추는 영양성분도 풍부하게 함유하고 있다.

Chapter 7. 양식 샌드위치 조리

토마토 살사와 사워크림, 구아카몰을 곁들인
햄 또띠아 롤

 만드는 법

1. 신선한 재료는 물에 살려준다.
2. 피망, 양파, 스모크햄은 채를 썰어서 준비한다.
3. 채를 썰어 준비한 재료를 소금, 후추 간을 하여 볶아준다.
4. 또띠아를 앞뒤로 구어 준다.
5. 구운 또띠아에 사워크림, 아보카도소스를 적당히 발라준다.
6. 볶은야채, 체다치즈, 할라피뇨, 오이피클을 넣어 말아준다.
7. 오븐에 굽거나 팬에 한 번 더 구어 치즈가 녹을 수 있도록 한다.
8. 아보카도소스, 토마토 살사, 사워크림을 곁들여 완성한다.

〈토마토 살사〉

1. 토마토는 껍질과 씨를 제거하고 작은 주사위 모양으로 썰어 준비한다.
2. 양파는 곱게 다져 물기를 제거한다.
3. 할라피뇨는 곱게 다진다.
4. 바질은 물기를 제거하고 썰어서 준비한다.
5. 준비된 재료와 소금, 후추, 올리브 오일을 넣어 소스를 완성한다.

 지급 재료

- 또띠아 12인치 ·············· 1장
- 양상추 ····················· 20g
- 홍 피망 ···················· 30g
- 청 피망 ···················· 30g
- 양파 ······················· 50g
- 오이피클 ··················· 20g
- 스모크 햄 ·················· 30g
- 할라피뇨 슬라이스 ·········· 20g
- 체다치즈 슬라이스 ·········· 1ea

〈토마토 살사〉
- 토마토 ····················· 50g
- 양파 ······················· 10g
- 할라피뇨 슬라이스 ·········· 10g
- 소금, 후추 ················· 약간
- 식초 ······················ 20ml
- 올리브 오일 ··············· 30ml
- 바질 ···················· 1leaf

〈딥 소스〉
- 구아카몰 ··················· 60g
- 사워크림 ··················· 60g

Point

- 밀가루나 옥수숫가루를 이용해서 빈대떡처럼 만든 음식으로 속에 야채나 고기를 넣고 싸서 먹는 멕시코 전통음식이다.

- 또띠아 사이에 닭고기와 살사소스·치즈 등을 넣고 반으로 접으면 엔칠라다. 또띠아 사이에 치즈·소시지·감자·콩·호박을 넣고 반으로 접은 뒤 구운 것은 케사디야라고 한다.

Chapter 7. 양식 샌드위치 조리

또띠아 랩
Tortilla Wrap

만드는 법

1. 또띠아는 팬을 달군 후 부드럽게 구워 놓는다.
2. 파프리카는 채 썰어두고, 양파는 소금물에 살짝 담구어 매운맛을 제거한 후, 물기를 제거한다.
3. 돈등심은 소금과 후추를 뿌려 둔다.
4. 다진 할라피뇨와 머스터드를 혼합해 둔다.
5. 돈등심에 밀가루, 달걀물, 빵가루를 묻혀 튀긴다.
6. 만든 돈까스를 길게 잘라 준비해 두고, 구워 놓은 또띠아에 4를 바르고 양상추, 파프리카, 양파, 돈까스(돈가스 소스/마요네즈)를 올린 후 말아준다.
7. 포장 후 먹기 좋게 잘라 준다.

지급 재료

- 또띠아(10인치) ·················· 1장
- 돈등심 ························ 100g
- 홍 파프리카 ··················· 1/4개
- 황 파프리카 ··················· 1/4개
- 양상추(청상추) ················· 3장
- 양파 ························· 1/4개
- 할라피뇨(슬라이스) ············ 3~4개
- 허니 머스터드/돈가스 소스/마요네즈
  ········· 기호에 따라 적당량 씩(1~3T)
- 달걀 ··························· 1개
- 빵가루, 밀가루 ················ 약간씩

Point

- 또띠아 : 토르티야(스페인어 Tortilla)
- 멕시코 남부지역에서 옥수수 가루(마사가루)로 둥글고 얇게 만든 것
- 토르티야를 한입 크기로 썰어 튀기면 '나초'라는 토르티야 칩이 된다.
- 소스는 기호에 따라 허니 머스타드, 돈가스 소스, 마요네즈 소스를 혼합하여 사용한다.

브런치 마스터

Chapter 7. 양식 샌드위치 조리

퀘사디아
Quesadillas

치즈를 의미하는 스페인어 queso에서 유래하여 또띠아에 치즈와 다른 재료를 넣고 채운 다음, 반으로 접어 반달 모양이 되게 한 멕시코 요리

만드는 법

1. 닭 가슴살을 적당한 크기로 썰어 소금과 후추로 밑간을 한 후 식용유를 두른 팬에 볶아 익힌다.
2. 양파, 파프리카와 피망도 짧게 채썰어 둔다.
3. 캔 옥수수는 물기를 빼 놓는다.
4. 잘라 놓은 양파, 피망, 옥수수를 볶는다.
5. 토마토 소스에 케찹을 넣어 소금과 후추로 간을 하여 살짝 졸여준다.
6. 팬에 또띠아를 올린 후 토마토 소스, 치즈, 볶은 재료를 올리고 반으로 접어준다.
7. 또띠아를 앞, 뒤로 노릇하게 구운 후 먹기 좋은 크기로 썰어 담는다.

지급 재료

- 또띠아(8인치) ·················· 2장
- 닭 가슴살 ······················· 80g
- 홍 파프리카 ···················· 1/4개
- 청 피망 ·························· 1/4개
- 양파 ······························ 30g
- 캔 옥수수 ······················· 60g
- 피자치즈 ······················· 100g
- 토마토 소스/케찹 ········ 3T/1T 정도

Point
- 또띠아에 재료를 넣어 반으로 접은 것이므로 먹을 때 부서지기 쉬우므로 감안하여 담는다.

Chapter 7. 양식 샌드위치 조리

스테이크 샌드위치
Steak Sandwich

묵직한 느낌의 스테이크 고기에 머스터드 스프레드와 버섯구이를 곁들여
한 끼 식사로도 손색이 없는 샌드위치이다.

 만드는 법

1. 양파와 토마토는 빵 크기에 맞게 슬라이스한다.

2. 로메인은 손으로 적당한 크기로 찢어서 찬물에 담가둔다.

3. 소고기 안심은 얇게 슬라이스하여 소금, 후추로 간을 한 뒤에 팬에서 구워낸다.

4. 햄버거 빵을 반으로 잘라 마른 팬에서 구워낸다.

5. 구워낸 빵의 단면에 디종 머스타드와 마요네즈를 섞은 것을 발라준다.

6. 느타리 버섯은 방울 토마토를 각각 볶아준다.

7. 로메인, 양파, 토마토, 소고기 안심을 순서대로 쌓아 올리고 마지막에 나머지 반쪽의 빵을 얹어서 샌드위치를 완성한다.

8. 볶은 느타리 버섯과 방울 토마토를 곁들여서 제공한다.

 지급 재료

- 햄버거 빵 ····················· 1개
- 양파 ························· 20g
- 토마토 ······················· 20g
- 로메인 ······················· 10g
- 소고기 안심 ·················· 50g
- 디종 머스타드 ················· 5g
- 마요네즈 ····················· 20g
- 느타리 버섯 ·················· 10g
- 방울토마토 ···················· 1개
- 소금 ························· 약간
- 후추 ························· 약간

Point
- 고기의 겉을 센불로 지져 마이야르 반응으로 인한 맛을 얻어내면 겉의 바삭한 크러스트와 부드러운 고기 맛이 조화를 이루게 할 수 있다.
- 잘 지져 바삭하면서도 복잡한 맛을 지닌 껍데기(crust)는 스테이크의 핵심이다.

Chapter 7. 양식 샌드위치 조리

치킨 샌드위치
Chicken Sandwich

따뜻한 호밀빵에 홀그레인 머스타드 스프레드를 바르고 여러가지 야채와 그릴링한 닭 가슴살을 올린 샌드위치이다.

만드는 법

1. 양파와 토마토는 빵의 크기에 맞게 슬라이스하고 로메인은 적당한 크기로 찢어서 찬물에 담가둔다.

2. 닭 가슴살에 소금, 후추로 간을 한 뒤에 팬에 구워 준다.

3. 느타리 버섯과 방울 토마토를 각각 볶아준다.

4. 구워낸 닭 가슴살을 사선으로 슬라이스 한다.

5. 호밀빵을 마른 팬에 구워내고 마요네즈를 바른다.

6. 호밀빵을 먼저 깔고 그 위에 로메인, 양파, 토마토, 닭 가슴살 순으로 차곡 차곡 쌓는다.

7. 마지막에 홀그레인 머스터드를 바르고 나머지 빵 한쪽을 덮어서 완성한다.

8. 볶은 느타리 버섯과 방울 토마토를 곁들여서 제공한다.

지급 재료

- 호밀빵 ·················· 2개
- 닭 가슴살 ·············· 60g
- 양파 ····················· 20g
- 토마토 ··················· 20g
- 로메인 ··················· 10g
- 홀그레인 머스터드 ······· 5g
- 마요네즈 ················· 20g
- 느타리 버섯 ············· 10g
- 방울토마토 ··············· 1개
- 소금 ····················· 약간
- 후추 ····················· 약간

Point

- **그릴링(grilling)**
  복사열을 이용하여 식재료의 표면에 (직접) 불을 지지는 건열 조리법으로, 연료는 가스, 전기, 석탄, 나무, 숯 등을 사용한다.

- 훈연의 향을 돋울 수 있는 장점이 있다.

Chapter 7. 양식 샌드위치 조리

훈제연어 샌드위치
Smoked Salmon Sandwich

샌드위치라는 말은 18세기 후반 영국의 J.M. 샌드위치 백작이 항상 트럼프놀이에 열중하여 식사할 시간이 아까워 고용인으로 하여금 육류와 채소류를 빵 사이에 끼운 것을 만들게 하여 옆에 놓고 먹으며 승부를 겨룬 일에서 생겨났다고 한다.

만드는 법

1. 훈제 연어는 슬라이스 하여 준비한다.
2. 양파는 모양대로 슬라이스 하고 양상추와 적채는 먹기 좋은 크기로 손으로 찢어서 찬물에 담가 둔다.
3. 크루아상을 반으로 나누어서 단면에 마요네즈를 바르고 양상추, 적채, 훈제 연어, 슬라이스 피클, 케이퍼, 양파를 넣어 샌드위치를 완성한다.
4. 샐러드와 발사믹 드레싱을 곁들여서 제공한다.

지급 재료

- 크루아상 ······················· 1개
- 훈제 연어 ······················100g
- 양파 ···························· 20g
- 양상추 ·························· 10g
- 케이퍼 ··························· 5g
- 적채 ···························· 10g
- 슬라이스 피클 ················· 10g
- 마요네즈 ························ 10g

〈샐러드〉
- 양상추 ·························· 10g
- 적채 ····························· 5g
- 비타민 ··························· 5g
- 크레송 ··························· 5g
- 방울토마토 ······················ 1개
- 발사믹 드레싱 ················ 20ml

Point
- 크루아상은 버터를 듬뿍 넣은 반죽으로 층을 대서 초승달 모양으로 만든 프랑스의 패스트리이다.

Chapter 7. 양식 샌드위치 조리

크로크 무슈 샌드위치 *Croque-monsieur Sandwich*

 만드는 법

1. 식빵 한쪽 면에 버터를 얇게 펴 바른다.
2. 식빵에 슬라이스 햄 1장, 치즈 1장을 올리고 식빵을 덮고 꾹꾹 눌러준다.
3. 팬에 버터를 두르고 앞 뒤 노릇하게 굽는다.
4. 파르메산 치즈, 모짜렐라 치즈를 식빵 위에 올려 180℃로 예열한 오븐에서 10분간 굽는다.
5. 달걀은 소금물에 10분 삶는다.
6. 소세지는 칼집을 넣어 노릇하게 굽고 그릇 셋팅한다.

 지급 재료

- 식빵 ·· 2장
- 슬라이스 햄 ································ 1장
- 슬라이스 치즈 ···························· 1장
- 버터 ·· 1T
- 달걀 ·· 1개
- 파르메산 치즈 가루 ···················· 1T
- 모짜렐라 치즈 ···························· 2T
- 소금 ·· 약간
- 후춧가루 ·································· 약간
- 소세지 ·· 2개

Point
- 모짜렐라 치즈를 식빵 사이에 넣어서 계란 물을 입혀 구워도 맛이 좋다.
- 햄 대신에 먹고 남은 불고기나 잘게 찢은 닭 가슴살, 감자나 양파를 슬라이스 해서 볶아 넣어도 맛이 좋다.

허니 버터 브레드 *Honey Butter Bread*

 만드는 법

1. 통식빵을 9등분으로 아래 3cm 남기고 칼집 넣는다.
2. 식빵위에 꿀과 버터를 올린 후 180℃의 예열된 오븐에서 약 15분 노릇하게 구워준다.
3. 구워진 빵 위에 휘핑한 생크림과 카라멜 소스, 넛트류, 계피가루를 취향에 따라 적당히 얹어준다.

 **지급 재료**

- 통식빵 ·· 1개
- 생크림 ···································· 적당량
- 카라멜소스 ···························· 적당량
- 넛트류 ········· 약간 (아몬드, 호두 분태)
- 계피가루 ·································· 약간

Point
- 통식빵이 없다면 식빵 네장을 한 장씩 버터를 발라가면서 네장 정도 겹쳐서 구워도 된다.
- 슬라이스 치즈를 식빵 사이에 넣어 주어도 좋다.

Chapter 7. 양식 샌드위치 조리

리코타치즈 토마토 브루스케타
Ricotta cheese & Tomato brustchetta

만드는 법

1. 우유를 데운 후 식초를 넣어 리코타 치즈를 완성한다.
2. 바게트는 한입 크기로 슬라이스 한다.
3. 방울토마토는 웨이지 모양으로 잘라서 준비한다.
4. 양파는 주사위 모양으로 썰고 피클은 반달모양으로 썰어서 준비한다.
5. 버터, 다진 마늘을 바게트에 발라 구운 후 설탕을 가볍게 뿌려준다.
6. 구어진 바게트 위에 치즈와 방울토마토, 양파를 가볍게 섞어서 올린다.
7. 그린 올리브, 파마산 치즈, 바질을 올리고 발사믹 크림 소스를 뿌려서 완성한다.

지급 재료

- 바게트 ·················· 3ea
- 버터 ····················· 20g
- 마늘 ····················· 10g
- 설탕 ······················ 5g
- 방울토마토 ············· 20g
- 적 양파 ·················· 10g
- 그린 올리브 ············ 2ea
- 파마산 치즈 ············ 10g
- 어린잎 ··················· 10g
- 바질 ······················ 5g
- 발사믹 크림 ············ 20ml

〈리코타 치즈〉
- 우유 ····················· 200ml
- 식초 ····················· 20ml

〈발사믹 크림〉
- 발사믹 식초 ··········· 50ml
- 전분 ······················ 2g

Point

- 브루스케타(brustchetta)는 이탈리아의 대표적인 전채요리 안티파스티(antipasti) 중 하나이다.
- 브루스케타(brustchetta)는 '불에 그을린 또는 탄(scorched or burned)'의 뜻을 가진 브루치아토(bruciato)를 로마인들이 방언으로 '브루스카토(bruschato)'라고 부르는 것에서 유래되었다고 전해진다. 오늘날에는 지역이나 취향에 따라 각양각색의 토핑을 올리는 수많은 레시피들이 개발되면서 이탈리아를 대표하는 요리 중 하나다.

브런치 마스터

Chapter 7. 양식 샌드위치 조리
클럽 샌드위치
Club Sandwich

9세기 말 뉴욕주의 한 도박장에서 처음 만들어 레스토랑으로 전해져 내려온 샌드위치.
3장의 구운 식빵 사이에 2층으로 내용물을 넣어 만든 샌드위치로, 닭고기, 칠면조 고기 등을 넣기도 한다.

만드는 법

1. 식빵을 노릇하게 토스트 해 놓는다.

2. 양상추는 물기를 제거 한 후 빵크기로 준비하고, 토마토와 피클은 얇게 슬라이스 해 놓는다.

3. 베이컨은 살짝 구워 둔다.

4. 달걀은 기호에 따라 프라이를 해 놓는다.

5. 토스트한 빵에 허니 머스터드를 바른 후 준비한 재료를 켜켜이 담아 쌓아 준다.

6. 유산지로 포장한 후 반으로 잘라 준다.

지급 재료

- 식빵 ·· 3장
- 양상추(청상추) ······················· 2~3장
- 달걀 ·· 1개
- 토마토 ······································ 1/2개
- 슬라이스 치즈 ·························· 1장
- 베이컨 ······································ 2장
- 오이 피클 ································· 적당량
- 허니 머스터드 ·························· 1T

Point
- 속재료가 가운데에만 너무 많으면 불룩하게 될 수 있으므로 각 재료의 두께 조절을 잘 해야 보기 좋게 만들어 진다.

Chapter 7. 양식 샌드위치 조리

에그 드랍 샌드위치
Egg Drop Sandwich

두꺼운 크기의 식빵을 사용하여 그 식빵을 마치 집게모양으로 가운데를 잘라 속을 채워 넣는 샌드위치이다. '햄 치즈 샌드위치'라고도 한다.

만드는 법

1. 달걀에 소금과 설탕(1t), 생크림을 넣어 잘 풀어 놓는다.
2. 팬에 버터를 두른 후 빵을 반만 갈라서 표면을 노릇하게 구워 놓는다.
3. 햄도 구워 두고 소스도 분량대로 혼합해 만들어 둔다.
4. 팬에 버터를 녹여 풀어 놓은 달걀을 스크램블 한다.
5. 구워 놓은 빵에 소스를 바른 후 구워 놓은 햄과 치즈를 올린다.
6. 햄과 치즈 사이에 스크램블한 달걀을 넣고 소스를 뿌려 마무리 한다. 기호에 따라 파슬리 가루 등을 뿌려도 좋다.

지급 재료

- 식빵 ·· 2장
- 달걀 ·· 2개
- 슬라이스 치즈 ···························· 2장
- 슬라이스 햄 ······························· 1장
- 버터 ·· 약간
- 생크림 ······································· 2T
- 소금 ·· 약간

〈화이트소스〉
- 마요네즈 ···································· 1T
- 연유 ·· 1T

〈레드소스〉
- 스리라차 소스 ···························· 1t
- 마요네즈 ···································· 1t
- 연유 ·· 1t

Point
- 기호에 따라 파슬리 가루 등을 뿌려도 좋다.
- 허니브레드 빵을 잘라 사용하기도 한다.

Chapter 7. 양식 샌드위치 조리

수제 햄버거 샌드위치
Homemade Hamburger

햄버거 패티를 직접 만들고 취향에 맞춰 다양한 재료를 사용한 햄버거이다.

 만드는 법

1. 햄버거빵을 반으로 갈라 안쪽만 버터를 발라 노릇하게 구워 놓는다.

2. 토마토와 양파는 0.5cm 두께로 슬라이스하여 소금을 살짝 뿌려 준비해 둔다.

3. 소고기, 양파, 셀러리를 곱게 다진다.

4. 다진 양파와 셀러리는 볶아 식힌 뒤 다진 소고기, 소금, 후추, 빵가루, 달걀물과 섞어 두께 1cm 정도의 패티가 나올 수 있도록 만들어 구워 둔다.

5. 우스타 소스, 돈가스소스, 케찹, 설탕을 적당히 넣어 살짝 조린 뒤 패티에 발라 준다. 이때 치즈를 패티에 올린다.

6. 오이 피클은 길죽한 모양으로 썰어 두고 양상추는 빵크기에 맞게 잘라 둔다.

7. 햄버거 빵에 양상추-양파-치즈 올린 패티, 피클, 토마토 순으로 올려 완성한다.

 **지급 재료**

- 햄버거빵 ······················· 1개
- 소고기 ·························100g
- 토마토 ························· 1/4개
- 양파 (작은 것) ················ 1/4개
- 셀러리 ·························· 15g
- 치즈 ···························· 1장
- 양상추 ······················· 2~3장
- 통오이 피클 ···················· 1/2개
- 버터 ···························· 약간
- 우스타 소스 ······················2T
- 돈까스 소스 ······················ 1T
- 설탕, 케찹·····················약간씩
- 달걀물, 빵가루··················약간씩

Point
- 소고기 패티에 달걀을 넣어 치대면 잘 부서지지 않는다.

Chapter 7. 양식 샌드위치 조리

쉬림프 버거
Shrimp Burger

햄버거 샌드위치와 유사하며 소고기 패티를 새우 패티로 바꾼 버거이다.

만드는 법

1. 빵은 안쪽만 구워 둔다.

2. 양파 1/3 정도는 다져서 소금물에 담가두었다 물기를 빼고 사용하며, 나머지는 채 썰어 갈색이 나게 볶아준다.

3. 새우살은 물기 제거 후 곱게 다져 밀가루 2t, 소금, 흰 후추를 넣어 볼을 만들어 빵가루를 묻히면서 동글납작한 모양으로 만들어 튀겨 준다.

4. 물기 제거한 다진 양파, 다진 피클에 마요네즈와 소금, 설탕, 후추, 레몬즙을 넣어 타르타르 소스를 만든다.

5. 빵에 타르타르소스를 바르고 양상추 - 새우패티 - 볶은 양파 - 타르타르소스 순으로 얹어 완성한다.

지급 재료

- 햄버거빵 ·· 1개
- 양상추 ··· 2장
- 냉동 새우살 ····································· 80g
- 양파 ·· 1/4개
- 오이 피클 ·· 20g
- 밀가루, 빵가루, 달걀물 ············ 약간씩

〈타르타르소스〉
- 마요네즈 ·· 3T
- 레몬즙 ·· 1/2T
- 소금, 설탕 ·································· 약간씩
- 흰 후추 ·· 약간
- 다진 양파, 피클 ······························· 1T

Point
- 새우 튀김과 타르타르와의 조화가 양상추, 양파, 피클과 햄버거빵에 잘 어울린다.

브런치 마스터

Chapter 7. 양식 샌드위치 조리

감자 단호박 샐러드 샌드위치
Potato Autumn squash Salad Sandwich

단호박과 감자의 부드러움에 오이의 씹히는 맛이 어울리는 샐러드를 넣은 샌드위치이다.

만드는 법

1. 감자와 단호박은 껍질을 제거한 후 얇게 슬라이스 하여 버터에 볶은 뒤 물을 부어 수분이 없어질 때까지 삶아준다.

2. 오이는 씨를 제거하고 잘게 잘라 소금에 살짝 절여 수분을 제거한다.

3. 달걀도 삶아서 흰자는 입자가 있게 잘라 주고 노른자는 가루로 만들어 둔다.

4. 삶은 감자와 단호박은 뜨거울 때 소금과 설탕, 후추로 간하여 으깨어 둔다.

5. 4가 식으면 달걀, 오이, 마요네즈를 넣어 혼합하여 샐러드를 만든다.

6. 식빵은 노릇하게 구워 준비하고 홀그레인 머스터드(1t)에 마요네즈(1t)를 섞어 스프레드를 만든다.

7. 식빵 한쪽에 홀그레인 머스터드를 바르고 햄, 샐러드, 치즈를 올리고 식빵 한쪽면은 딸기쨈을 발라 덮어 준다.

8. 만든 샌드위치를 먹기 좋게 잘라 낸다.

지급 재료

- 식빵 ······················· 2장
- 감자 ······················· 100g
- 단호박 ····················· 100g
- 달걀 ······················· 1개
- 오이 ······················· 1/4개
- 치즈 ······················· 1장
- 슬라이스햄 ················· 1장
- 마요네즈 ··················· 2~3T
- 홀그레인 머스터드 ·········· 1t
- 설탕 ······················· 적당량
- 소금 ······················· 적당량
- 흰 후추 ···················· 적당량
- 딸기쨈 ····················· 약간

Point
- 단호박은 감자보다 수분이 많아 빨리 익으므로 감자보다 조금 두껍게 슬라이스하여 익힌다. 물기 없게 익혀 으깨주는 것이 중요하다.

Chapter 7. 양식 샌드위치 조리
데리야끼 샌드위치
Teriyaki Bagel Sandwich

닭고기나 스테이크를 데리야끼 소스에 졸여 넣은 퓨전 샌드위치

 만드는 법

1. 베이글을 반으로 잘라 안쪽만 살짝 구워 둔다.
2. 양파와 새송이 버섯은 채 썰고, 닭고기는 얇게 저며 놓는다.
3. 치커리와 로메인은 찬물에 담가 싱싱하게 만들어 놓은 후 물기를 제거해 놓는다.
4. 분량의 양념을 넣고 데리야끼소스를 만들고 할라피뇨는 다져서 마요네즈와 섞어둔다.
5. 데리야끼 소스를 분량대로 혼합하여 냄비에 끓여 둔다.
6. 팬에 손질한 버섯과 양파를 볶고, 닭고기를 구워 둔다.
7. 데리야끼소스 적당량(3T 정도)에 구워 놓은 닭고기를 넣어 윤기 나게 졸여 준다. (남은 소스는 좀 더 윤기나게 졸여 재료 위에 뿌려 주어도 좋다.)
8. 베이글에 스프레드를 바른 후 로메인, 치커리, 볶은 재료와 닭고기, 슬라이스 치즈를 올려 샌드위치를 완성한다.

 지급 재료

- 베이글 ············· 1개
- 새송이 버섯 ········· 1/2개
- 닭 가슴살 ··········· 100g
- 슬라이스 치즈 ······· 1장
- 로메인 ············· 2장
- 치커리 ············· 2줄
- 양파 ··············· 1/4개

〈스프레드〉
- 마요네즈 ············ 2T
- 할라피뇨 ············ 적당량

〈데리야끼 소스〉
- 간장, 청주, 미림 ······ 2T씩
- 설탕 ··············· 1T
- 물 ················ 4T

Point
- 닭고기를 데리야끼 소스에 재워 두면 더 맛이 좋다.
- 토마토 슬라이스를 볶은 재료 위에 한층 더 얹어도 좋다.

Chapter 7. 양식 샌드위치 조리

불고기 바게트

불고기 양념에 고기를 구워 야채류와 함께 바게트 에 넣은 퓨전 바게트

 만드는 법

1. 소고기는 핏물 제거 후 분량의 양념에 재워 둔다.

2. 양파와 당근, 대파 잎은 채 썰어서 볶아두고, 소고기는 물기 없이 볶아 식혀둔다.

3. 할라피뇨는 다져서 허니 머스터드 와 혼합해 둔다.

4. 반으로 가른 바게트에 3의 스프 레드를 골고루 발라둔다.

5. 4에 양상추, 불고기, 볶은 채소, 토마토 순으로 올리고 빵으로 덮 은 후 랩핑하여 어슷하게 반으로 잘라 준다.

지급 재료

- 바게트 ·· 1/2개
- 소고기 ··· 100g
- 양상추(청상추)······························· 3장
- 토마토 ·· 1/4개
- 대파 잎, 양파 ······························· 적당량
- 당근 ·· 30g
- 마늘 ·· 1개
- 간장 ·· 1T
- 설탕 ·· 1/2T
- 후추 ··· 약간
- 허니 머스터드 ································· 3T
- 할라피뇨(슬라이스)··················· 적당량

Point

- 스프레드(Spread) : 빵에 수분이 흡수되면 빵이 눅눅해지므로 버터, 머스터드, 마요네즈 등을 발 라준 뒤 야채류를 올린다.

Chapter 8. 양식 사이드 디쉬 & 카나페 조리

● **곡류**

곡류는 쌀 등의 미곡류, 보리, 밀, 귀리, 메밀 등의 맥류와 조, 기장, 수수, 옥수수 등의 잡곡류가 있다. 열량이 우수한 공급원이고 소화 흡수가 쉬우며 담백한 맛이 있다.

곡류 입자의 구조는 외피, 배아, 배유로 구성되어 있으며, 전분이 75% 이상, 단백질이 약 10%, 지질과 무기질이 약 2%를 차지한다. 배아(씨젖)에는 티아민, 리보플래빈 등을 함유하고 있다.

요리명	요리법
베이크 포테이토	감자를 깨끗이 씻은 후 버터를 바르고 소금, 후추를 뿌린 다음 오븐에 구워 십자 모양으로 칼집을 낸 후 힘을 주어 밑에서 위로 올려 벌려준다.
프렌치 프라이 퍼테이토	자를 1cm×1cm×6cm의 크기로 자른 후 물에 담가 전분기를 뺀 후 물기를 제거하고 기름에 튀겨 소금을 뿌린다.
안나 포테이토	감자를 지름이 6cm의 원형으로 자르고 2mm의 두께로 잘라 끓는 물에 살짝 데쳐 놓는다. 오븐 팬에 버터를 바르고 데친 원형의 감자를 차곡차곡 돌려 위에 버터를 바르고 소금과 후추를 뿌린 후 오븐에 굽는다.
리오네즈 포테이토	감자와 양파를 슬라이스하고 파슬리는 다져 놓는다. 끓는 소금물에 감자를 살짝 삶아놓고 팬에 버터를 넣고 양파와 감자를 넣고 골든 브라운 칼라가 날때까지 볶다 소금, 후추로 간을 한 후 접시에 담고 다진 파슬리를 뿌린다.
그라탱 포테이토	감자와 양파를 썬다. 우유와 생크림, 달걀 물, 너트메그, 소금, 후추를 섞어 놓는다. 몰드에 버터를 바르고 슬라이스한 감자, 양파, 우유와 생크림 등을 섞은 물을 넣고 채운 후 치즈를 넣고 층층이 쌓아 세 번 정도 반복한 후 오븐에 넣어 굽는다.
매시 포테이토	감자는 끓는 소금물에 삶아서 물기를 제거하고 곱게 으깨고 생크림, 우유, 너트메그, 소금, 후추로 간을 한 후 차가운 버터를 섞어 준다.
더치 포테이토	감자는 끓는 소금물에 삶아서 체에 내려 너트메그, 소금, 후추로 간을 한 후 파이핑 백에 넣고 시트팬에 버터를 바르고 짜준 후 달걀노른자를 발라 오븐에 굽는다.
크로켓 포테이토	감자를 끓는 소금물에 삶아 체에 내린 후 너트메그, 소금, 후추로 간을 한 후, 가래떡 모양으로 만든 후 지름 3cm, 길이 6cm로 만든 다음 밀가루, 달걀, 빵가루를 묻혀 튀긴다.
윌리엄 포테이토	감자를 끓는 소금물에 삶아 체에 내린 후 너트메그, 소금, 후추로 간을 한 후 지름 3~4cm 크기의 서양배 모양으로 만든 다음 밀가루, 달걀, 빵가루를 묻혀 튀긴다.

요리명	요리법
버섯볶음	버섯은 슬라이스하고 타임은 다져 놓는다. 팬에 올리브유를 넣고 버섯을 볶다가 화이트 와인을 넣고 졸인 후 소금, 후추로 간을 한 후 타임을 넣고 마무리한다.
시금치 볶음	양파를 다진 후 끓는 소금물에 시금치를 살짝 데친 후 찬물에 식혀 놓는다. 팬에 버터를 넣고 다진 양파를 볶다가 시금치를 넣고 소금과 후추로 간을 한다. 마늘과 양파, 양송이를 다진다. 팬에 버터를 넣고 다진 마늘과 양파를 볶다 생크림을 넣고 졸인 후 소금, 후추로 간을 한다.
당근 글레이징	당근을 링으로 슬라이스하여 가장자리를 도려 낸 후 끓는 소금물에 삶아 놓는다. 팬에 버터, 설탕, 물, 소금, 후추를 넣고 졸인다.
아스파라거스	아스파라거스의 껍질을 제거한 후 올리브유, 소금, 후추로 마리네이드 한 후 그릴에 굽는다.
가지 그릴	가지를 길게 잘라 올리브유, 다진 마늘, 다진 바질, 소금, 후추로 마리네이드 한 후 그릴에 굽는다.
애호박 그릴	애호박을 길게 잘라 올리브유, 다진 마늘, 다진 바질, 소금, 후추로 마리네이드 한 후 그릴에 굽는다.
마늘 로스팅	통마늘을 반으로 잘라 올리브유, 소금, 후추로 마리네이드 한 후 오븐에 굽는다.
토마토 로스팅	토마토에 다진 샬롯, 올리브 오일, 소금, 후추로 마리네이드 한 후 오븐에 굽는다.
토마토 콩피	토마토에 올리브유, 소금, 후추로 마리네이드 한 후 타임과 마늘 슬라이스를 올린 후 오븐에 굽는다.

Chapter 8. 양식 사이드 디쉬 & 카나페 조리

베이크 포테이토 *Baked Potato*

Point
- 오븐에 구울 때는 쿠킹호일을 사용하기도 한다.

 지급 재료

- 감자 ······································ 1개
- 버터 ······································ 10g
- 소금 ······································ 약간
- 후추 ······································ 약간
- 사워크림 ································ 20g
- 베이컨 ·································· 20g
- 차이브 ·································· 20g

만드는 법

1. 감자는 버터, 소금, 후추로 간을 한 후, 오븐에 굽는다.
2. 베이컨은 작게 썰어 팬에 볶아서 기름을 제거한다.
3. 차이브는 물기를 제거 후 썰어서 준비한다.
4. 구운 감자는 + 칼집을 넣어서 벌려준다.
5. 사워크림과 베이컨, 차이브를 올려준다.

리오네즈 포테이토 *Lyonnaise Potato*

Point
- 감자 슬라이스는 너무 얇으면 볶으면서 부서 지기 쉬우므로 두께를 조금 두껍게 슬라이스 한다.

 지급 재료

- 감자 ······································ 1개
- 양파 ······································ 20g
- 버터 ······································ 20g
- 소금 ······································ 약간
- 후추 ······································ 약간

만드는 법

1. 감자는 슬라이스 하고 파슬리는 다져 놓는다.
2. 끓는 소금물에 감자를 살짝 삶아 놓는다.
3. 팬에 버터를 넣어 녹여, 양파, 감자 순으로 넣고 갈색이 날 때까지 볶은 다음, 소금, 후추로 간을 한 후 접시에 담고 다진 파슬리를 뿌린다.

Chapter 8. 양식 사이드 디쉬 & 카나페 조리

매시 포테이토 *Mashed Potato*

 지급 재료

- 감자 ·················· 1개
- 우유 ················· 30ml
- 생크림 ··············· 30ml
- 버터 ················· 10g
- 너트메그 ············· 1g
- 소금 ················· 약간
- 후추 ················· 약간

 만드는 법

1. 감자는 껍질을 제거하고 끓는 소금물에 삶아 준다.
2. 감자를 건져내어 체에 내린 뒤 생크림, 우유, 너트메그, 소금, 후추로 간을 한 후 차가운 버터를 넣어 섞어 준다.

Point
- 감자는 잘라서 삶아야 조리시간이 단축되며 체에 내리기에 편리하다.

크로켓 포테이토 *Croquette Potato*

 지급 재료

- 감자 ·················· 1개
- 달걀 ·················· 1개
- 밀가루 ··············· 10g
- 빵가루 ··············· 10g
- 식용유 ··············· 20ml
- 너트메그 ············· 1g
- 소금 ················· 약간
- 후추 ················· 약간

 만드는 법

1. 감자는 껍질을 제거하고 끓는 소금물에 삶아 준다.
2. 삶은 감자는 체에 내린 후 너트메그, 소금, 후추로 간을 한다.
3. 지름 3cm, 길이 5cm 정도로 모양을 만든 다음 밀가루, 달걀, 빵가루 순으로 입혀 180℃ 온도에 노릇하게 2번 튀겨낸다.

Point
- 튀김 시 2번 튀겨야 튀김 재료 속의 수분이 날아가 바삭하다.

Chapter 8. 양식 사이드 디쉬 & 카나페 조리

토마토소스를 곁들인 양송이 관자

 지급 재료

- 토마토 소스 ·············· 60g
- 양송이 ·················· 3개
- 관자 ···················· 3개
- 파슬리 ·················· 1줄기
- 버터 ···················· 30g
- 파마산 치즈 가루 ········ 15g
- 소금, 후추 ··············· 약간

 만드는 법

1. 양송이는 밑둥을 제거하고 올리브 오일, 소금, 후추를 뿌려 오븐에 굽거나 프라이팬에 지진다.

2. 관자는 가로세로 칼집을 넣어 소금, 후추를 뿌린 후 버터에 구워준다.

3. 토마토 소스에 버터를 1큰술 넣어 끓인다.

4. 미니볼에 ③소스를 넣고 양송이, 관자를 얹은 후 파마산 치즈 가루와 파슬리 가루를 뿌려준다.

토마토 콩피 *Tomato Confit*

 지급 재료

- 방울토마토 ·············· 50g
- 올리브유 ················ 20ml
- 마늘 ···················· 10g
- 타임 ···················· 2g
- 소금 ···················· 약간
- 후추 ···················· 약간

 만드는 법

1. 토마토에 올리브유, 소금, 후추로 마리네이드 한다.

2. 마늘은 슬라이스 한다.

3. 오븐 팬에 1과 마늘 슬라이스와 타임을 넣고 180℃ 오븐에서 3분 정도 구워 낸다.

4. 접시에 담아 완성한다.

Point
- 콩피(confit)는 '보존하다(to preserve)'라는 뜻을 가진 프랑스어 '콩피르(confire)'에서 비롯된 말이다.
- 오늘날 콩피는 기름이나 설탕 등에 절여 만든 보존음식을 지칭하는 말로 정착하였다.

Chapter 8. 양식 사이드 디쉬 & 카나페 조리

그릴드 베지터블 *Grilled Vegetables*

 만드는 법

〈구운 아스파라거스〉
1. 아스파라거스의 껍질을 제거한다.
2. 타임을 다진다.
3. 아스파라거스를 올리브유, 소금, 후추, 타임으로 마리네이드 한 후 그릴에 굽는다.

〈구운 가지〉
1. 가지를 길게 자른다.
2. 마늘과 바질은 다진다.
3. 자른 가지에 다진 마늘, 다진 바질, 소금, 후추, 올리브유로 마리네이드 한 후 그릴에 굽는다.

〈구운 애호박〉
1. 애호박을 길게 자른다.
2. 마늘과 바질은 다진다.
3. 자른 애호박에 다진 마늘, 다진 바질, 소금, 후추, 올리브유로 마리네이드 한 후 그릴에 굽는다.

〈구운 버섯〉
1. 버섯을 길게 자른다.
2. 타임을 다진다.
3. 버섯을 올리브유, 소금, 후추, 타임으로 마리네이드 한 후 그릴에 굽는다.

 지급 재료

- 아스파라거스 ········· 50g
- 가지 ················· 30g
- 애호박 ··············· 40g
- 버섯 ················· 50g
- 올리브 오일 ·········· 50g
- 타임 ················· 4g
- 마늘 ················· 10g
- 바질 ················· 4g
- 소금 ················· 약간
- 후추 ················· 약간

수제 피클 *Homemade Pickle*

 만드는 법

1. 피클 담을 용기에 (유리 또는 스텐용기) 뜨거운 물을 부어 소독해 놓는다.
2. 오이는 소금으로 문질러 씻은 후 둥글게 썰어 놓는다.
3. 무는 껍질을 벗긴 후 1cm 정도의 막대 모양으로 썰어 놓는다.
4. 셀러리도 섬유질을 제거한 후 먹기 좋은 크기로 썰어 놓는다.
5. 적 양배추도 적당한 크기로 썰어 둔다.
6. 썰어 놓은 재료를 소독한 병에 보기 좋게 섞어 담는다.
7. 분량의 피클주스를 끓여 뜨거울 때 재료가 담긴 병에 붓고 식은 후 뚜껑을 덮어 병을 뒤집어서 냉장고에 2~3일 보관 후 먹으면 좋다.

 지급 재료

- 오이 ················· 1/2개
- 무 ··················· 150g
- 적 양배추 ············ 60g
- 셀러리 ··············· 40g

〈피클주스〉
- 물, 식초, 설탕 ········ 1C씩
- 소금 ················· 1T
- 피클링 스파이스 ······ 1T

Chapter 8. 양식 사이드 디쉬 & 카나페 조리

쉬림프 컵 &
크랜베리 크림치즈 카나페
Shrimp Cup & Cranberry Cream Cheese Canape

만드는 법

〈미니 컵 쉬림프 샐러드〉

1. 새우는 내장을 제거하고 끓는 물에 데쳐낸 껍질을 제거한다.

2. 양파, 섬유질 제거한 셀러리, 토마토를 0.7cm 정도 다이스를 한다.

3. 2에 다진바질, 올리브오일, 레몬즙, 소금, 후추 간을 한 올리브 드레싱을 버무린다.

4. 케찹과 핫소스를 섞어둔다.

5. 미니컵에 3을 넣고 새우를 얹은 다음 4소스를 넣고 남은 바질을 올려 준다.

〈크랜베리 크림치즈 카나페〉

1. 크랜베리와 호두를 다져 꿀과 함께 크림치즈에 섞어둔다.

2. 식빵을 4등분을 하여 둥글게 만들어 주고 버터를 발라 노릇하게 구워준다.

3. 2 위에 1을 퀴넬 모양으로 만들어 위에 올려주고 남은 크랜베리와 호두로 장식한다.

지급 재료

〈미니 컵 쉬림프 샐러드〉
- 새우(40미) ·················· 3개
- 바질 ························ 10g
- 양파 ······················ 1/4조각
- 셀러리 ······················ 50g
- 토마토 ···················· 1/4조각
- 올리브 오일 ················· 15ml
- 케찹 ························ 10g
- 핫소스 ······················ 5g
- 소금, 후추 ··················· 약간

〈크랜베리 크림치즈 카나페〉
- 식빵 ····················· 한조각
- 버터 ························ 10g
- 크림치즈 ···················· 80g
- 꿀 ·························· 20g
- 크랜베리 ···················· 30g
- 호두 ························ 40g

브런치 마스터

Chapter 8. 양식 사이드 디쉬 & 카나페 조리

새우 두부 카나페
Shrimp Bean curd Canape

카나페는 얇고 잘게 썬 빵이나 크래커 위에 야채, 고기, 새우, 달걀 등을 얹어 보기 좋게 만든 것이다.
새우 두부 카나페는 빵 대신 두부를 이용하여 만든다.

만드는 법

1. 두부는 1cm 정도의 두께로 썰어 소금으로 밑간을 살짝 한 후 물기를 제거하고 전분을 묻혀 노릇노릇하게 굽는다.

2. 방울토마토는 슬라이스 해둔다.

3. 치즈는 4등분하고 어린잎채소는 세척하여 물기를 제거해 둔다.

4. 새우는 내장을 제거하고 쿠르부용에 데친 후 껍질을 벗겨 둔다.

5. 두부 위에 준비해 둔 재료들을 보기 좋게 얹은 후 분량대로 섞은 겨자 소스를 뿌려 준다.

지급 재료

- 두부 ·················· 150g
- 새우(40미) ·············· 6마리
- 방울토마토 ············ 2~3개
- 치즈 ··················· 1장 반
- 어린잎 채소 ············· 5g
- 전분 ··················· 약간

〈겨자 소스〉
- 연겨자, 설탕, 식초 ········ 1T씩
- 소금 ··················· 약간

〈쿠르부용〉
- 양파, 당근, 셀러리 ······ 적당량씩
- 월계수, 정향 ············· 1개씩
- 식초 ··················· 1T

Point

- 쿠르부용 : 양파, 당근, 셀러리, 부케가르니, 식초를 넣어 끓인 육수로 해산물을 데칠 때 사용하면 비린내를 제거하고 향을 입혀 준다.

Chapter 8. 양식 사이드 디쉬 & 카나페 조리

구운 애호박과 가지를 올린 부르스케타 & 모짜렐라로 속을 채운 파프리카

Bruschetta with grilled Zucchini and Eggplant & Paprika filled with Mozzarella

만드는 법

⟨토마토소스와 구운 애호박과 가지를 올린 부르스케타⟩

1. 애호박과 가지를 세로로 반으로 잘라 얇게 슬라이스 해준다.

2. 애호박과 가지에 올리브 오일을 뿌리고 소금, 후추로 간을 한 후 오븐에 굽거나 프라이팬에 구워준다.

3. 토마토 소스를 만든다.

4. 바게트 빵은 버터를 발라 노릇하게 구워준다.

5. 구운 바게트빵 위에 토마토 소스를 바르고 구운 가지와 애호박을 올린 후 파마산 치즈를 뿌려준다.

⟨버섯크림소스와 모짜렐라 치즈로 속을 채운 파프리카⟩

1. 파프리카를 반으로 잘라 올리브 오일을 뿌려 오븐에 굽거나 프라이팬에 구워준다.

2. 올리브 오일에 다진 양파와 다진버섯을 볶은 후 생크림과 우유를 넣고 파마산 치즈 가루, 소금, 후추를 넣어 크림소스를 만든다.

3. 구운 파프리카에 크림소스를 넣고 위에 모짜렐라 치즈를 넣고 파슬리가루를 뿌린 후 오븐에 구워준다.

지급 재료

⟨토마토소스와 구운 애호박과 가지를 올린 부르스케타⟩

- 토마토 소스 ·· 60g
- 애호박 ·· 50g
- 가지 ··· 50g
- 올리브 오일 ·· 20ml
- 파마산 가루 ··· 20g
- 파슬리 ·· 5g
- 바게트빵 ·· 4조각
- 소금, 후추 ·· 약간

⟨버섯크림소스와 모짜렐라 치즈로 속을 채운 파프리카⟩

- 올리브 오일 ·· 10ml
- 미니 파프리카 ······································· 2개
- 모짜렐라 치즈 ······································ 40g
- 생크림, 우유 ···································· 각 50g
- 양송이 버섯 ·· 2개
- 양파 ··· 30g
- 파마산 치즈 가루 ································ 10g
- 소금, 후추, 파슬리 가루 ······················ 약간

브런치 마스터

Chapter 8. 양식 사이드 디쉬 & 카나페 조리

크림치즈로 속을 채운 토마토 & 부르스케타
Tomato filled with Cream Cheese & Bruschetta

부르스케타는 이탈리아에서 바게트 빵 위에 과일, 치즈, 야채, 소스 등을 얹은 요리를 말하며 연회나 에피타이즈에 차려진다.

만드는 법

〈크림치즈로 속을 채운 토마토〉

1. 방울토마토 꼭지를 잘라 바닥으로 향하게 세워주고 윗부분을 십자 모양 칼집을 넣어 씨를 제거한 후 물기를 제거한다.
2. 건포도와 아몬드를 일부 다져 꿀과 함께 크림치즈에 섞는다.
3. 1에 2를 숟가락으로 넣고 건포도와 아몬드를 장식해준다.

〈부르스케타〉

1. 알새우는 내장을 제거하고 끓는 물에 데쳐낸 후 물기를 제거한다.
2. 방울토마토는 4등분으로 잘라준다.
3. 바게트 빵은 버터를 발라 노릇하게 구워준다.
4. 딜과 로즈마리는 잎을 떼어준다.
5. 새우, 방울토마토, 올리브유, 로즈마리, 딜을 섞은 뒤 소금, 후추로 간을 한다.
6. 구운 바게트빵 위에 5를 얹어 완성한다.

 지급 재료

〈크림치즈로 속을 채운 토마토〉
- 방울토마토 ················ 5개
- 크림치즈 ················ 80g
- 건포도 ················ 20g
- 아몬드 슬라이스 ········ 10g
- 꿀 ················ 30g

〈부르스케타〉
- 알새우 ················ 6미
- 방울토마토 ················ 3개
- 올리브유 ················ 15ml
- 바게트빵 ················ 3조각
- 로즈마리 ················ 2g
- 딜 ················ 2g
- 버터 ················ 10g
- 소금 ················ 약간
- 후추 ················ 약간

Chapter 9. 양식 푸드 플레이팅

01. 플레이팅의 정의 및 원칙

1. 플레이팅의 정의

플레이팅이란 고객이 요리의 가치와 문화를 느낄 수 있도록 요리사가 자신만의 개성을 갖고 음식의 맛과 색, 모양 등을 예술적으로 표현하는 것이라 할 수 있다. 음식에 어울리는 그릇을 선택하고, 테이블에 요리를 놓았을 때의 밸런스를 고려해야 한다. 먹는 사람이 맛있게 먹고 행복해지는 요리를 만들기 위해 모든 요소를 종합적으로 고려하는 것이 플레이팅의 기본이라 할 수 있다.

2. 플레이팅의 원칙

(1) 크기와 비율(Size & Proportion)

접시의 크기와 음식의 양이 균형있게 담아야 한다. 접시는 음식의 양이 가득 들어있는 것보다 적당한 크기의 여백이 느껴지는 것이 좋다. 접시의 끝부분까지 음식으로 덮어버리면 식욕에 반감을 줄 수 있기 때문에 음식의 양보다 조금 큰 접시를 준비하는 것이 좋다. 고급스러운 레스토랑에서 본 음식들은 대부분 접시에 여백이 가득하다. 이는 접시에 정갈함을 담아내고 음식이 가진 맛과 색, 모양 등을 잘 표현하기 위함이라 할 수 있다.

(2) 시각적인 균형(Visual Balance)

식기의 모양새와 담기의 기술에 따라 시각적인 효과가 달라진다. 넓은 형태의 원형, 사각, 가운데가 오목한 접시, 깊이가 있는 볼 등 모양에 따라 용도도 다양하다. 용도에 따라 음식을 맞춰 담는 것은 플레이팅의 가장 기본이라 할 수 있다. 가끔은 용도에 벗어나 담아내는 것도 개성있는 플레이팅이 될 수 있다. 플랫한 큰 원형이나 사각의 접시는 스테이크나 메인 요리를 깊이감이 있는 접시는 파스타나 국물이 약간 있는 요리 또는 흐트러지기 쉬운 푸성귀를 담는 샐러드에 적당하다.

(3) 식기의 색깔과 음식의 색깔(Colours)

어떤 음식을 어떤 그릇에 담아야 한다는 법칙은 없지만, 음식의 색과 모양이 돋보일 수 있는 식기를 선택하는 것이 좋다. 일반적으로, 흰색 식기에 음식을 담으면 깔끔하고 잘 어울리며, 음식이 가진 색감이나 형태 등이 잘 돋보인다. 특히, 색이 화려하면 더욱더 먹음직스럽다.
반면에, 검정색 식기에는 음식의 색이 단순하며 밝은색을 담으면 무게감이 있고, 고급스러움을 나타낼 수 있으나 어두운 색의 음식을 담으면 깔끔해 보이질 않는다. 주황색이나 붉은색 식기에 육류를 담거나 초록색이나 연두색 식기에 야채류를 담으면 눈에 띄질 않으므로 주의해야 한다.

(4) 패턴(Patterns)

일정하게 반복적으로 조직화된 방식으로 전체 배경에 반복되는 디자인이나 그림, 모양을 사용하거나 선으로 모양이나 장식을 나타낸다. 일반적으로 초점 음식(focus food) 주변에 전분을 이용한 가니쉬 또는 야채 가니쉬 또는 소스 등을 배치하여 패턴을 결정한다.

(5) 배열 및 균형

음식을 배열할 때 통일감이 있어야 하며, 대칭과 비대칭의 방법이 있으며, 대칭으로 할 경우에는 짝수가 담기 편하고 비대칭일 경우에는 홀수가 보기 좋다.

(6) 다양성

한 접시에 너무 다양한 재료와 요리를 담거나 너무 유사하면 개성이 없고 시각적으로 혼란해진다. 그러나 맛, 질감, 형태, 색상에 있어서는 다양성을 주는 것이 대비 효과가 나타난다.

02. 기본 플레이팅

1. 플레이팅용 소스 만들기

(1) 캐러멜 오렌지 소스

재료명	단위	분량	만드는 법
설탕	g	30	팬에 설탕, 물 2T.S넣어 캐러멜 만든 다음, 오렌지 쥬스와 오렌지 제스트 넣어 끓인다.
오렌지 쥬스	g	100	
오렌지 제스트	g	1	

(2) 아보카도 소스

재료명	단위	분량	만드는 법
아보카도 다이스	ea	1(냉동)	팬에 버터 녹여 양파칩을 볶은후 아보카도와 치킨 스톡을 넣고 뭉근하게 끓이다가 산탄검, 한청가루, 소금, 후추 넣고 믹서로 갈아서 체에 걸러 준다.
양파 찹	g	50	
치킨 스톡	ml	150	
버터	g	50	
산탄검(optionnai)	g	2	
한천 가루(optionnai)	g	5	
소금, 후추		적당량	

(3) 발사믹 소스

재료명	단위	분량	만드는 법
발사믹식초	ml	120	팬에 발사믹 식초, 레드와인, 사과, 꿀, 간장, 검은 통후추를 넣고 1/2이 되게 졸인 후 체에 걸러 준다.
레드와인	ml	50	
사과(optionnai)	g	30	
꿀	g	20	
간장, 검은 통후추		적당량	

(4) 망고 가람 마살라 소스

재료명	단위	분량	만드는 법
망고 다이스	g	100	망고다이스, 와인식초, 가람 마살라, 소금, 후추를 믹서에 넣고 갈아서 체에 걸러서 사용한다.
와인 식초	g	5	
가람 마살라	g	1	
소금, 후추		적당량	

2. 소스를 이용한 기본 플레이팅

원통찍기	 소스 내려치기	 직선교차
 오징어 먹물 테일	 격자 트윌	 거품 테일
 동양 수묵화 데코	 사각 플레이팅 물방울 데코	 스텐실 기법

달팽이 모양

반달모양

아방가르드모양

원형도장모양

점찍기

지그재그모양

흘러내리기

3. 가니쉬 조리하기

① 고구마 슬라이스

② 바질잎 튀김

4. 튀일 조리하기(Tuile은 '기와집 무늬'라는 뜻)

파마산 치즈 튀일

먹물 튀일

레이스 튀일

5. 조리도구를 이용한 플레이팅

참고문헌

- Mary D. Donovan and Jennifer S. Armentrout(2001). book of soups : The Culinary Institute
- 염진철·이상정·한춘섭·오석태·김종훈·경영일·고기철·권오천(2014).
『Basic Western Cuisine』. 서울 : 백산출판사.
- 이윤호·서민석·이상원(2012).『기초 서양조리』. 서울 : 도서출판 효일.
- 송수익·김정수·박인수·장상준·채현석·안광열·유주희(2010).『기초서양조리』. 서울 : 현문사.
- 염진철(2006). Basic Western Cuisine. 서울 : 백산출판사.
- 윤수선·김창렬·채현석·장상준·김정수·서강태(2013).『가르드망제』. 서울 : 백산출판사.
- 윤수선·채현석·김정수(2010).『주방관리』. 서울 : 백산출판사.
- 김소영(2012).『세계 음식명 백과』. 서울 : 마로니에북스.
- 이종필·조성현·이지웅(2015). All about SAUCE. 서울 : 백산출판사.
- 염진철·엄영호·김상태·허정·이준열·손선익(2008).『사진으로 보는 전문조리 용어해설』.
서울 : 백산출판사.
- 윤수선·김창렬·김정수(2013).『호텔연회조리』. 서울 : 백산출판사.
- 윤수선·한춘섭·최수근·조용범·이준열(2015).『조리용어해설』. 서울 : 지식인공동체 지식인.
- 최광수(2013).『이탈리아 요리』. 서울 : 백산출판사.
- 조리교재발간위원회(2002).『조리체계론』. 서울 : 한국외식정보.
- The Culinary Institute of America([2004]2006). Garde Manger the art and craft of the cold kitchen. translated by 정혜정·이덕영·김태형·최민수·이은정·조용철. 서울 : (주)서울외국서적.
- The Culinary Institute of America(2012). Professional chef 9 edition
- 김동원(2010).『Desserts』. 비엔씨월드.
- 네이버 지식백과. http://terms.naver.com/. 2015년 10월 9일 검색.
- 두산세계대백과사전. http://terms.naver.com/list.nhn?cid=40942&categoryId=40942. 2015년 10월 9일 검색.
- 최수근(2010).『최수근의 서양요리』. 서울 : 형설출판사.
- 최수근·조우현·장병동·최희진(2011).『고급서양요리 이론과 실제』. 서울 : 형설출판사.
- 안토니오 심(2013).『셰프 안토니오의 파스타』. 경기 : 도서출판 대가.
- 임성빈·심재호(2008).『맛있는 이탈리아 요리(개정판)』. 서울 : 도서출판 효일.
- 임성빈·심재호·박헌진(2004).『맛있는 이탈리아 요리』. 서울 : 도서출판 효일.
- 최광수(2013).『이탈리아 요리』. 서울 : 백산출판사
- 김동희·강란기·강영림·김용선·엄유희(2013).『서양조리』. 경기 : 도서출판 유강
- 김수연(2015).『매일 달걀』. 서울 : 포북(forbook).
- 김진·이광일·우희섭·김윤성(2007).『조리용어사전』. 경기 : 광문각.
- 이종필(2018).『푸드 플레이팅』. 백산출판사.

NCS기반의 양식
브런치 마스터

초판인쇄 ㅣ 2022년 4월 15일
2쇄발행 ㅣ 2024년 3월 25일

저　　자 ㅣ 봉준호, 김남근, 강란기
발 행 처 ㅣ 도서출판 유강
발 행 인 ㅣ 柳麟夏
감　　수 ㅣ 강란기

주　　소 ㅣ 경기도 성남시 중원구 상대원동 144-3 우림라이온스벨리 5차 B동 412호
전　　화 ㅣ 010-5026-4204
총 무 과 ㅣ 031-750-0238
홈 페 이 지 ㅣ www.ukang.co.kr

디 자 인 ㅣ 옥별
사　　진 ㅣ 황익상

ISBN 979-11-90591-29-4

정가 15,000원

잘못된 책은 교환해 드립니다.
저자와 협의하에 인지를 생략합니다.

본 책의 무단복제 행위는 저작권법에 의거 5년 이하의 징역 또는 8,000만원 이하의 벌금에 처하거나 이를 병과할 수 있습니다.